Series of Ideas of History

编辑委员会

主 编

耶尔恩·吕森（Jörn Rüsen，德国埃森文化科学研究所）
张文杰（中国社会科学院哲学研究所）

副主编

陈 新（复旦大学历史系）
史蒂芬·约丹（Stefan Jordan，德国巴伐利亚科学协会历史委员会）
彭 刚（清华大学历史系）

编 委

何兆武（清华大学历史系）
刘家和（北京师范大学历史系）
涂纪亮（中国社会科学院哲学研究所）
张广智（复旦大学历史系）
于 沛（中国社会科学院世界历史研究所）
海登·怀特（Hayden White，美国斯坦福大学）
纳塔莉·戴维斯（Natalie Z. Davis，美国普林斯顿大学）
索林·安托希（Sorin Antohi，匈牙利中欧大学）
克里斯·洛伦茨（Chris Lorenz，荷兰阿姆斯特丹自由大学）
于尔根·施特劳布（Jürgen Straub，德国开姆尼斯技术大学）
卢萨·帕塞里尼（Luisa Passerini，意大利都灵大学）
埃斯特范欧·R. 马丁斯（Estevao de Rezende Martins，巴西巴西利亚大学）
于尔根·奥斯特哈默尔（Jürgen Osterhammel，德国康斯坦茨大学）

历史的观念译丛

批判历史学的前提假设

〔英〕F. H. 布莱德雷 著
何兆武 张丽艳 译

The Presuppositions
of
Critical History

图书在版编目(CIP)数据

批判历史学的前提假设/(英)F. H. 布莱德雷著;何兆武,张丽艳译. —北京:北京大学出版社,2007.5

(历史的观念译丛)

ISBN 978-7-301-12029-3

Ⅰ.批… Ⅱ.①布…②何…③张… Ⅲ.历史哲学 Ⅳ.K01

中国版本图书馆 CIP 数据核字(2007)第 049191 号

F. H. Bradley, *The Presuppositions of Critical History*
本书译自美国 Quadrangle Book 出版公司 1968 年版
中文(简体、繁体)版权由北京大学出版社拥有

书　　　名：批判历史学的前提假设
著作责任者：〔英〕F.H.布莱德雷　著　何兆武　张丽艳　译
责 任 编 辑：岳秀坤
标 准 书 号：ISBN 978-7-301-12029-3/K·0480
出 版 发 行：北京大学出版社
地　　　址：北京市海淀区成府路 205 号　100871
网　　　址：http://www.pup.cn　新浪官方微博:@北京大学出版社
电 子 信 箱：pkuwsz@yahoo.com.cn
电　　　话：邮购部 62752015　发行部 62750672　出版部 62754962
　　　　　　编辑部 62752025
印　刷　者：北京汇林印务有限公司
经　销　者：新华书店
　　　　　　650mm×980mm　16 开本　6.75 印张　85 千字
　　　　　　2007 年 5 月第 1 版　2012 年 12 月第 2 次印刷
定　　价：15.00 元

未经许可,不得以任何方式复制或抄袭本书之部分或全部内容。
版权所有,侵权必究
举报电话:010-62752024　电子信箱:fd@pup.pku.edu.cn

《历史的观念译丛》总序

序一

在跨文化交流不断加强的当下,如影相随的是,我们面对着全球化时代的一种紧迫要求,即必须更好地理解文化差异及特殊性。由中外学者携手组织的这套丛书,将致力于把西方有关历史、历史编纂、元史学和历史哲学的话语带入中国历史文化的园地。

历史论题是人类生活中极其重要的元素。在历史中,人们形成并且反映了他们与其他人的认同感、归属感,以及与他者的差异。在归属感和差异的宽泛视界中来看待"世界诸文明",人们才能够谈及"文化认同"。历史学家们的专业学术工作往往涉及到并依赖于认同形成的文化过程。由于这种牵涉,无论历史学家是否意识到,政治都在他们的工作中起着重要作用。不管学术性的历史研究仅仅只是作为资政的工具,还是因其方法的合理性而有着特别功能,这都已经是公开的问题。

关于历史思维的学术地位的许多讨论,还有它对"客观性"或普遍有效性的执著,都与世界范围内现代化过程中的历史思维之发展联系在一起。在这一过程中,历史思维获得了学术学科或者说"科学"(Wissenschaft,采该词更宽泛的意义)的形式。历史学研究的传统,其自尊就在于,它声称与非专业历史学相比有着更高层次的有效性。一般用的词就是"客观性"。与这种对客观性的执著相反,许多重要论述进入了历史学家的自我意识,这牵涉到他们与各自国家历史文化的相互关系。例如,后现代主义极力否认客观性这种主张,并且指出,尽管历史研究有其方法的合理性,而在历史研究之外的政治利益、语言假定和文化意义标准等等,历史的解释却对它们有一种根本的依赖。

在意识到了记忆的作用,并且意识到了非专业性因素在异彩纷呈的人类生活领域中表现过去的作用之后,发生在历史学内外的、有关历史思想以及它作为学术学科的形式的讨论,就因这种新的意识而被扩大了。在人类生活的文化定向中,记忆是一种巨大的力量,它似乎要取代历史在那些决定历史认同的行为中所处的核心位置。这样一种更迭是否会造成足够重要的后果,影响到历史在民族文化生活中的角色,这一点还悬而未决。只要记忆与"实际发生的"经验相关,历史就仍然是对集体记忆中这种经验因素的一种言说。

在反思历史思想与职业历史学家的工作时,这种视界的扩展因为如下事实而获得了额外的扩大和深化,即:人们为了理解现在、期盼未来而研究过去的方式存在着根本的文化差异;没有这样的洞见,就不可能正确地理解历史。既然认同关系到与他者的差异,而历史是呈现、反思和交流这种差异的领域,历史学家的工作就必然一直处在对付这种差异的张力之中。"文明的冲突"便是一个口号,它标明,通过回忆和历史形成的认同中存在着紧张因素。

既然认同不只是界定和奋争的事情,它同时还是理解和认知,为此,这双重因素在历史话语中都必须主题化。每一种认同都因识别出他者而存在,而各种认同或认同的文化概念之间的张力以至于斗争或冲突,都不得不被理解为一种认知的要求。是什么使得他者出现差异呢?对此不理解,认知就不可能实现。这样,就必须了解他者的差异中那些强有力的文化要素和过程。

进而,若缺少贯穿这种差异的可理解性原则,认知也不可能。就学术性话语的层面而言,在将历史认同主题化,使之成为差异的一个事例时，这些普遍的要素和维度与专业性历史思维的话语特征有着本质上的关联。

这就是本丛书的出发点，它想把西方世界人们理解、讨论、扩展、批判和利用历史的途径告诉汉语世界。

这套丛书可谓雄心勃勃，它试图展现西方历史话语的整个领域。在思考历史的西方人眼中，西方历史思想是什么？谁的观点成了有影响的观点？想象一种单一的西方历史思想类型，并以之与非西方的中国人或印度人的历史思想相比对，这相当容易。但更进一步，人们就会发现，西方并没有这样一种类型，即单一的"观念"、"概念"或者"根本"。相反，我们找到了一种话语，它呈现出各种不同概念、观点和实际作用之间错综分合的交流。这套丛书便展现了这种多样性和话语特征，当然，非西方世界也会有类似情形。

本丛书分为作者论著和主题文集两类出版。第一类选取该作者对历史话语而言有着重要地位的作品，第二类则选取历史话语中的一些中心主题。每一卷都有介绍该作者或主题的导论、文本注释和文献目录。

本丛书期待对历史学领域中在新的层次上并且是高质量的跨文化交流有所贡献。抱着这种呈现更广泛的意见、立场、论证、争执的雄心壮志，它希望成为跨文化交流中类似研究的范例，使不同文化彼此得到更好的理解。在跨文化交流与对话的领域内，就一种对文化差异彼此了解的新文化来说，这种理解是必要的。

耶尔恩·吕森
2006年5月于德国埃森

序二

　　近代以来,西方历史思想家为人类提供了丰富的历史思想资源。历史的观念经过一代代思想家的演绎,构成了多元的话语系统,而且,这个系统还随着思想家们不断的思考、表现而获得扩充。

　　我们往往通过书本了解思想家们对历史的看法,但对于读者自身而言,我们却不能只是从书本中去理解历史。事实上,我们就生活在历史中,这并不是说我们现在的经历将成为历史,而是指我们身边的每一处能够被言说、被体悟的事情,如果不能够获得历史解释,它都无法进入理性的思索之中。从历史中获取意义,获取人生在某个时刻具有的确定性和行动的立足点,这是试图了解历史的人所追求的。但这样一种能力对于个人而言并不是可遗传的或可积累的,每个人都不得不在自己的生活中重新发展它。思想家们对过去的理解与认识、对历史这个观念的思考,以及对与历史相关的一些问题的探询,这些都只为我们耕耘未来生活这块荒原提供各式各样的工具,却不提供秋收的果实。

　　系统地译介西方史学理论或历史哲学作品,一直是20世纪以来几代中国学者的梦想。这个梦想曾经深藏在何兆武先生年轻的头脑中,此后,他身体力行,译著丰卓,为拓展国人的历史思维付出了不懈的努力。如今,跨文化交流的加强,以及国内学术事业的繁荣,使得这一梦想更有可能变为现实。

　　本丛书有幸得到了德国学者耶尔恩·吕森教授的大力支持。吕森教授认为,加强跨文化交流有利于创造一种新的世界文化,现存诸种文化可以包含在其中,但它们了解彼此的差异,尊重彼此的习惯;平等交流使得我们可以跨越文化鸿沟,同时拓宽我们理解历史的文化限度。这也是中方编辑者的初衷之一。这样,中德双方组织者表现出极大的热忱。从丛书框架、选题的设计，到约请编译者，乃至沟通版权，一项项艰巨的任务在数年来持续不断的交流与努力中逐渐得到落实。

丛书编者有着极大的雄心，希望以数十年的努力，将西方 18 世纪以来关于历史、历史编纂、元史学和历史哲学的重要文献渐次翻译，奉献给汉语世界。如果可能，这套丛书还将涉及非西方世界史学思想的文献。

显然，这套丛书的出版是一项跨文化交流的成果，同时也是一项民间的学术事业，在此，我们要对所有帮助这套丛书出版的编者、译者、出版者表示感谢。愿这样的努力，也能够得到读者的关注、批评与认可。

张文杰　陈新

2006 年 5 月

译 序

　　历史哲学,亦即对历史进行一番哲学的反思,是古已有之的。但是要到1951年沃尔什(W. Walsh)的《历史哲学导论》一书才正式提出所谓"思辨的历史哲学"与"批判的历史哲学"之分,并且为不少的学者所接受,尤其是由于史学思想受到当代分析哲学与解释学的强大参与和推动的影响,批判的历史哲学似乎浸假有凌驾于传统的思辨历史哲学(即把历史的发展归结为某种规律的发展历程)之上的趋势,至少在西方史学界是如此。在对历史哲学这种分野的意义上,可以说思辨的历史哲学无论中外都是古已有之的,而批判的历史哲学却要从19世纪的下半叶开始算起,更确切地说是从布莱德雷1874年《批判历史学的前提假设》一书的问世算起,迄今不过百有余年却已经成为显学,而同时传统的思辨历史哲学却显现出一片式微之势。

　　19世纪下半叶英国哲学界以所谓的"英国唯心论派"(或被称之为新黑格尔学派)独领风骚,其中的代表人物是格林(T. W. Green,1836—1882)、布莱德雷(F. H. Bradley,1846—1924)、鲍桑葵(B. Bosanquet,1848—1923)。格林在我国似乎很少为人注意,鲍桑葵的美学和哲学已经有人介绍,而布莱德雷的名著《表象与实在》(*Appearance and Reality*)一书则早在20世纪的三、四十年代即已为我国的哲学界所熟知。但是他最早的这部《批判历史学的前提假设》并未受到我国史学理论界应有的重视。这部批判历史哲学的著作，不但开批判历史哲学的先河，而且也孕育着他的《表象与实在》的哲学体系的若干重要思想。百年来我国的新史学似乎偏向于思辨的方向较多，而于批判方面的思路则显得重视不够。如果说历史研究就必须要有形而上学的前提假设，那么是不是也应该同样地重视其知识论方面的自我批判呢？历史学不仅要研究历史是什么，而且也要研究我们的历史认识是如何成为可能的。

又：本书《批判历史学的前提假设》中的"批判"一词，原文为Critical，此词在中文中亦可译为"考据"。考据一词本来也就意味着是对史料的批判，亦即英文中的 textual criticism。而在中文中则"批判"与"考据"两词似乎其含意与用法均有所不同。希望读者能予以留意。

布莱德雷本书的行文有时颇为晦涩，某些译文是否正确或妥当，不敢自保。如蒙读者指出，下次重印时，当一一改正。

译者谨识
2006年春北京清华园

目　录

《历史的观念译丛》总序 / Ⅰ
译　序 / Ⅶ
序　言 / 1
本书提要 / 5
批判历史学的前提假设 / 7
　一　历史的模棱性 / 11
　二　什么是历史事实 / 17
　三　历史学中的推论的性质 / 25
　四　批判历史学的前提假设 / 31
　五　历史的推论与自然界的一致性 / 35
　六　非类比验证的问题 / 41
　七　历史证据的特点和历史学的限度 / 45
　八　历史与进步 / 53
　九　结　论 / 61

　附　录
　　注 A / 71
　　注 B / 78
　　注 C / 79
　　注 D / 84
　　注 E / 86

布莱德雷著作要目 / 95

序　言

　　没有一篇我自己对之颇为敏感的辩护词,以下的篇章就不会呈现于读者之前。它们的内容恐怕不会令人满意,它们的形式恐怕就更糟糕;不过我大概做不出什么变动能够改进它们了。我这些想法为什么要终于刊行出来,那原因就是我愿意并且希望着,它们会协助一些更有能力的人们一劳永逸地清理和处理一个应该加以处理的题材。

　　以下各页不合规范的标题就预示了它们的方法,并且在某种程度上也预示了它们的结论。它们的方法就在于把某些事实的存在当作是理所当然的,并且力图发现那种存在的条件。这些条件由于其自身并不存在,便消灭了这些事实;因此事实就包含有这些条件,把它们认为是理所当然的,把它们当作是前提假设。于是,结论就是:既然各种事实已经不自觉地预先假设了某项原则,所以现在我们在进行判断时就必须自觉地从那种原则出发,并把它当作是一种信条来加以运用。

　　批判的历史学的题材,并不像它看上去那么狭隘。没有任何历史学不是或多或少在某些方面是批判的。世界上没有一个人想把或是能够把全部流传下来的事件,都恰好像它们所流传下来的那种样子嵌入到一部世界历史里面去。但是如果没有做到这一点,如果我们在最微小的限度之内排除了它们或改动了它们,或者加以合理化,那么我们马上也就做出了批判,而且我们也就应该知道批判意味着什么了。

既然问到这个问题,那么十分显然的就是批判的历史学必须有一个标准;于是下一件事就是要找出那个标准来。经过一段时间以后,看来同样清楚的便是:历史学中的信条就是——历史学家本人。这一结果是从考虑到具体的历史学实践自然而然得出来的,——而在这方面正有如在别的方面一样,请允许我承认我有负于鲍尔①的《教会历史学著作的各个时代》一书是何等之多②——它也是从思考到这一普遍问题的心理方面而得出来的。历史学家作为一个历史学家,乃是实际的标准;而理想的标准(如其可以容许有这一反题的话)则是作为一位理所当然的历史学家的历史学家。而忠实于当前的历史学家,便是当然的历史学家。

这就是本书以下部分的主要思想;并且为了达到这样一个结论,就必然要在每一个阶段都遇到敌对的学说以及在我心目中所不断出现的反驳。我曾尽可能地力图避免沉闷,但并未成功;而且更糟糕的是,我担心哪怕是以沉闷为代价,我也很可能无论是在排除我自己所提出的反驳、还是在预防读者所可能出现的反驳方面,都并未成功。我认为,为了要达到一个令人满意的结果,或然性和确凿性的全部题材就都应该加以探讨。对这个工作我觉得自己是不相称的,因此我的结论在某种程度上就是靠不住的。

这篇序言对于全书已经不成比例了,但是我仍然不得不在这里对宗教问题所提出的任何东西的适用性说一句结论。对我所说的东西,我是负责的;但是对任何别人所要做出的结论,我却不能。我所提出的观点乃是:每个人目前的立场都会决定他对过去一切

---

① 鲍尔(Ferdinand C. Baur,1792—1860),德国历史学家。——译者

② 这里我可以提到西贝尔(Heinrich von Sybel)的《历史知识的规律》(*Gesetze des historischen Wissens*)和德罗伊森(Droysen)的《史学纲要》(*Grundriss des Historie*)都很简要,值得阅读,尽管我看到得太晚,未能很好地加以运用。(德罗伊森此书已收入本丛书:德罗伊森著,吕森、胡昌智编选,《历史知识理论》,北京大学出版社,2006。——编注)

事件的信念，但是我的确并不强行规定他目前的立场应该是什么。一贯性(consistency)是我所强调过的一个词。我无法避免它，——假如任何人认为本书的结论仅只是与某种信仰相调和的话。我只能预先说，这样一个人的意见并不是我的意见。我认为这些结论仅只是在当前世界与过去世界的裂隙中间才是消极的；但是指出这样一条裂隙存于什么地方，却不是我的事了。而对于现存的各种宗教信仰的相对真伪表示意见，则尤其不是我的事。

如果我们要以任何方式过问某些时代的历史，我们就必定要涉及基督教的原则迄今所带给宗教意识的那种因素或那种因素的一部分。而对于一个把这种因素认同于其中所存在的东西的人，或者是相信某一原则的真理应该求之于它那人世发展的开端的人，这样一项规定看来无疑地乃是极其重要的一个问题。我并不怀疑它是至关重要的。我知道它是重要的。但是我也知道，历史的规定对于宗教信仰所必定施加的影响，其范围和一般的性质乃是一个虽则令人瞩目地易于达到一种结论、却又极其难于达到一种正确结论的题目。勇于表达自己的观点，早已不成其为一种美德了。除了有关的人而外，再具备它也已经不是什么优点了，它倒是正在变成一种罪恶。尤其是在涉及到宗教的地方，有一种勇气是很应该避免的，那就是说出自己(单纯)的见解的那种勇气。

我还要说的就是①，本书以下各章无论对任何人可能有什么用处，它都不属于我，除了是在每个人所负的债都是属于他本人所有的那种意义上而外。我的债是在牛津负下的，而我利用我所借贷来的东西却远远不止于是要偿债而已。

牛津，1874年

---

① 我应该提到在附录注 A 中，我曾力图使主题适合于一般读者，而附录注 E 则不是为一般读者而写的。

本书提要

批判的历史学包括两个方面,即"客观的"和"主观的"(11—12页)。有关这两个方面的假叙述(13—14页),也就驳斥了它自己(14—15页)。

对历史学来说,什么是事实?那并非是简单的感觉数据(17—18页),而是一套复合的整体(19—20页),是一种判断(20页),更是一种结论(20—21页)。关于这一点的说明(21—23页)。

所有的历史著作都有一种"事先判断"。这种事先判断是什么(31页)?规律的无所不在性与一致性。历史学必须假设这一点,科学亦然(31—34页)。意志自由不成为对它的反驳(34—35页)。

但是历史中的一致性意味着什么呢?它就意味着所有的历史事实都服从于从当前世界中所做出的推论(35—36页)。

对这一点的反驳。"当前世界其本身有赖于证件(testimony)"(36—37页)。是的,不过批判者的当前世界却不应有赖于证件(37—38页)。

进一步的反驳。"那么就没有超乎类比之外的证件是可以接受的"(39—40页)。是的,是可以的;但只有在某些条件之下(42—43页)。证件必然无法把我们带到超乎类比之外的地方(43—44页)。

历史的证件属于这后一种吗(45页)?什么是历史的证件?这很难说(45—46页)。我们必须认为它有三种特征(47—51页)。

批判历史学的前提假设

再一次要问：历史的证件能够确定非类比的东西吗（51—52页）？如果它并不超出或然性之外，那么它就不能够（53页）。它何以不能超出的原因（53—56页）。

〔反驳。"这一点只适用于现存的历史证件。但是历史学作为一门科学，是建立在科学的证据（evidence）之上的"（57页）。为什么这一点是永远都不会有的（57—59页）。〕

目前所达到的结论（62页）。这一结论之应用于历史材料。批判必定部分地是消极的（62—63页）和绝对的（63—64页）。批判对传统的态度有四种（64—67页）。批判并不必须极力以退居幕后为代价而解释一切事物（67—69页）。

批判历史学的前提假设

在心灵为了展现其自身所造成的世界之中，而且在那里它的生命也就是其自我实现的历程，在那里行动与对它的知识则是其产儿，它们出现的时辰永远都不是同样的，而且他们的诞生乃是分别开来的。人类的生命与个体的发展，同样地都是事迹先行而随后是反思；而正是对于这个问题——"我都做了什么？"——我们才觉醒到已经完成了的、却并未曾有意去做的种种事情以及我们所并未认识到的各种存在，而我们所负之于它们的则是我们自身的存在。对于一个民族来说，唯有当他们停滞的时期，对于一个人来说，唯有当其个性与地位已经变得永远地固定了下来的时候，并且当一个人是已经造就了的时候，才有可能预知新的成长的真实性；而在进步具有了其充分的意义，演化也只不过是一句空话的时候，目前才是坚实的而未来则是无从分辨的。确实，这时目前情况的实质尚未诞生，而且也还有未来；但是未诞生的事物还处在隐蔽之中，未能大白，胎儿还处在隐蔽之中，而预言又是可疑的，给孩子命名的那个早晨还隔着许多日子才能从分娩的黑暗和辛苦的夜晚之中破晓。

可能突然之间有一个时刻揭幕了，人们逐渐意识到了时代在前进；并且又有了这样的季节，这时岁月缓慢的流程又带回来了一线甜美的或者严肃的启示之光芒；或者它可能还是长期以来人道所未曾获得过的那类经验的光芒。

无论是现实的反映或是对现实的认识，都并非总是某一个时刻的产物；因为有些时期，各种倾向的聚集和各种变化的积累在一场变化着的反思之中模拟着它们的变化，这时候另一个日子，就通过更漫长的微曦而破晓了，于是另一个世界就更加缓慢地袭上了我们的心头，它那形象是如此之奇异却又如此熟稔，于是就通过不确定地回忆到同一个、然而却又是一个全新的自我意识而唤醒了另一个人。

批判心灵的成长过程始终都是如此。它不是以自己的名义而是以另一种名义在奋斗着；它在自己投身于战斗之前已经是在征战着了；它首先是在缔造它已经掌握了其使命的秘密的那个领域，它自己就是一种权力的那种感觉，要先行于它对于自己的目的的知识，而由权力过渡到行动便首先向他宣告了它自己的本性。然而它那行动的步骤却是逐渐的，而它的自觉则是同步地在增长着，并且随着其缓慢的显现而来的则是一种迟缓的发展步骤。

在今天的记忆里，历史批判已经得到了肯定并且已经充分提出了毫不迟疑的要求；并且随着一场突然成功的浪潮便引发了它那完美无缺的使命意识。随着对于自身的知识，它现在也懂得了它自身存在的目的，以及在它努力的领域之中那种属于它自身并且仅只属于它自身的那种现实。

批判现在成为了自觉的，然而觉察到它的目的和它那工作的特性则是另一回事；而要试图理解它那存在的各种条件以及论证它那王国的正当性则更是另一回事。而这类论证乃是历史批判所最为需要的，因为那种批判除非是以其行动就无法论证它自己的正当性。由于它只局限于一个有限的范围之内，所以反思它那存在的理由，对于它来说，便是要逾越那种范围，而且规范着它那实践的原则便是如此，因为它不可能说明它们，即它的那些前提假设。

这便是以下各页的主题；而且以下的各页将尽可能地仅只限

于这一点。然而不管乍看起来它可以呈现为多少问题,我们将会发现要考察批判历史学的各种原则都并非是一样轻而易举的任务。它是一项艰辛的工作,因为我们从一开始就既不知道我们所说的"批判的"意味着什么,而且即使到了最后也还是不懂得一般的历史是什么,甚至于不能向我们自己保证它的存在这一事实。我们这里对于历史以及"历史科学"及其真实的或可能的或不能的现实已经有了足够的、而且可能是比足够还要更多的思考;然而"当我们使用历史一词时,我们指的是什么?"这个问题看起来似乎是太简单或者是太琐碎了,不值得耽搁我们"先进的思想家们"的行程。然而感到自己同样不配担当那种地位或那种头衔而只满足于简单地尽自己的可能去思想的人,却太清楚地知道那个问题了,而且知道它涉及的乃是哲学所可能解决或探讨的最困难的问题。这样的一个人,我知道不管他可能是哪个学派,也无论是什么原则,都将不会见怪我的,亦即我承认我自己在这一点上的无能,而并不想要强加之于我本人;也不想强加之于他的理解或者是公众的无知。于是让我们就来开始——

一 历史的模棱性

历史中的客观因素与主观因素

人们常说，不管用什么词句来表示它，历史总归是有双重的意义。"Geschichte"〔历史〕并非是简单地代表"Was geschicht"〔发生了什么〕；而 ιστορια（希腊文：历史）也会配不上它的这个名字，假如它除了历史学家的研究之外便什么都不是的话。从这些字的不同方面出发而加以引申，如果哪个人愿意的话，每个字都可以由于一种广义的或一种泛义的意思而达到同一个整体。

我相信这一点可以博得人们的赞许，或者乃至于博得认真的信仰，即这两种成分——一方面是在时间中的各种事件，而另一方面是在人们心灵中的回忆——在历史中必然是相结合在一起的，在这种意义上则转瞬即逝的各种事件的单纯序列就不能包含有那种一旦缺少了它，历史就无权被称之为历史的东西了。

但是这样一种探讨就超出于我们的主题之外了，于是我们在这里，哪怕是缺乏有记录的题材的话，也必须满足于假设有过一部过去的人文活动的历史，而把对于一部大自然的纯"客观的"历史的论断留下在那里或存或亡而不去加以触动。

我们并不质疑历史脱离了历史学家之外还确乎存在与否；反之，我们却必须理所当然地要认定并没有纯属"主观的"的历史这样一种东西，或者换句话说，凡是被历史学家所"创造"的任何东西，确切说来全都不是历史。

因为历史作为一个整体而言，乃是这样"造就"的，其中我们所有的只不过是以过去各种事件的故事的形式而投射成为了当前意识中一系列的投影，它们在一个更大的和更加包罗万象的投影之中时时刻刻被搜集起来或者是被删除掉；——就我所知，这一点是没有哪一个头脑严肃的人会加以拥护的，而且也不可能加以拥护；这样一种叙述仅仅是在特殊时期的意外作品之中才可能是有的，而且即使如此，也很少有不加以任何改动的。

然而尽管可能是这样，我们却拒绝把这个名称赋之于这样的一种产品，而且我们还认为历史（Geschichte）可能存在，而历史著作（ιστορια）却并不存在，可是在没有确切的过去（real past）的地方，确切说来也就没有历史学家，并且也就没有任何历史著作。

在以下的篇章中，我们将不涉及那种并非是对历史学家而言的历史，历史学在其被冠之以"批判的"名称时，就预先假设了有所谓的"客观的"和所谓的"主观的"成分在内；并且它仅只包含我们准备将要使用又要讨论的这个名词在内。

在这种意义上（即终于要涉及到我们份内的探讨了），历史就不仅仅代表着曾经发生过了什么，而且也代表现在都是些什么，不仅是过去的事实，而且也还有当前的记录，于是它本身就包含有这两者成分的结合；即一方面，它包含有曾经一度以其自身的资格而存在过的东西，现在则只是作为知识的对象而存在，而另一方面现在所存在的知识除非是以该对象的资格便没有权利存在，并且尽管它本身是现存的，但却是从已经消逝了的过去而获得其全部的真实性的。

如此说来，种种事实看来就要迫使我们进行严肃的考虑了；但是这些问题只有对于那些使得它们成其为如此的人来说才是艰难的，而要讲清楚如此之纷歧的种种属性的联系，曾经（如所周知）似乎是、而且目前乍看起来依然似乎并非是件难事。它那解释是很简单的。知识就是对外界印象的接受，而摹本应该像是原本一样

一　历史的模棱性

并且重复原本，只不过是自然而然的事。而且最初所得知的、不以任何判断行为为转移的一切，最初都以同样的方式单纯地而又忠实地写了下来，那么这一摹本的摹本——就肯定是仍然未被如此之透明的媒介所歪曲而且是忠实于它那原型所形成的模式——真是全部真实的活生生的摹本，而且是忠实而未加渲染的全部真实吗？

这便是缺乏批判头脑的自然而然的观点了，按照这种观点，历史学便没有前提假设，而且确实也不可能有：它那领域乃是在回忆而并非是在建构；它希望如实地掌握真实，而不是要把它塑造成为它所应该的那样；它要求历史学家使自己的判断听命于时代的命令，而不是把自己的愿望和幻想投射到超乎人世的界限以外的区域，全然不知人生的活动与风波，它那恬静的领域没有丝毫的思想可以干扰；然而镜面一旦移开，美梦也就破灭了。

这种理论是单纯的，它可能是令人开心的，但它只不过是一种理论而已；难道我们能——我们并不能——看不到从内部在推翻它的种种难点么？然而它却是注定了要消亡的，因为在它的实践应用当中它就暴露了它自身的虚伪性并且暴露了它自己的幻觉。

我们乞灵于历史，而这就意味着我们是乞灵于已经炮制过了的简单记述；我们到处去寻找，但是哪里都找不到我们要寻求的对象；反而我们却看到了一大堆吵吵闹闹的证人、各式各样的叙述、一大堆毫不连贯的乱糟糟的证词、混乱一团毫不相干而又大相径庭的说法；然而当所有这些都毫无可能被认为是真相时，其中却又没有一项可以认为是虚假的而加以摒弃。

但是意识——对于它来说，证件乃是一种消极的印刷再生品——在这一点上却并非是毫无根据的。据说是"纯粹的真理之光通过了它们所经历的各种不同媒介就会褪色的，而历史学家的任务便是要以另一种媒体的折射来改正这一种媒体的折射；并且就以这样的方式而得到赤裸裸的、未经渲染的真实"。但如果这就是历史学家的使命的话，那么他就不是而且也不可能是单纯的接受式的或者纯然是复制性的了。他确实可以并不添加上他自己的任何新材料，然而就他认识到事情从未如此单纯地呈现于他时，他的行为就包含有一种先入为主的构想了，并且在某种意义上也就表明了有一种先行的结论。把弯曲的东西拉直，就要依靠有关于直的知识，而运用批判则需要有一种规范。

　　这还不是历史著作在实践中所带给消极性理论的唯一困难。相反地，也还有同等重量的另一项困难。当对于一个以往时代的纪录已经全部搜集起来，而且已经尽可能地被安排得协调一致的时候，即使在这时候历史学的工作也并未停止。一批又一批的作者络绎不绝地迅速在从事这项永远不会穷尽的课题，并且就在已经没有留下来任何可发掘的新事实的地方，仍然永无休止地越来越多要尝试彻底地领会旧的材料，要使心灵的热情回归到它的对象上面来，渴望着要按事物本来的样子来思考事物，因为此前所有的人都没有能思想过它。随着经验的增长而获得的每一个新的立足点，随着精神每一度上升到一种更完善的生活，于是对于遥远的过去便出现了从一种更高的、崭新的层次上的另一种观点以及对被认知的对象的特征之一种崭新的相应的改变。既然无法否认这些事实的存在，却又无力解释它们，于是非批判性的意识就拒绝前进，或者说进步就丧失了它那对于现实的全部把握。它不得不以其再生品来看待原装，以一个小说的作者来取代它的证人，以一种理论来取代它的事实；而它那永恒的问题却是一片荒芜的怀疑主义，它在历史之中只不过看到一座真理与谎言相交织、令人身心交瘁的迷宫，它那线索则被埋藏在、并且消失在它身后的若干世纪之中。

　　这是一个亘古不断的问题，并且确实享有其一席必要的地位，——除非是对于那些通过无助与怀疑而直面着真理的人们而外。对于三心二意的追求者、对于尽管渴望获胜却无意赌出自己钱财的人，至少在这一领域之内是没有任何无可避免的结论的。他以自己有权不被任何事物所折服而在论证自己对任何事物的信仰；然而为了眼前的快乐，他却放弃了他的遗产，并且以被奴役为代价而购得了自己的免税权。

有鉴于这样一场结局之徒劳无功，——即无法在一番粗糙反思的隐喻之中找到一个解答，而又不能停留在怀疑主义的惶惑之中或者是沉溺于绝望的教条之中，——于是留待下来给我们的便只好是再度拾起此前那种已经被这样毫无批判的头脑所抛弃了的问题了，而且还要有耐心地（如果不是抱有希望的话）至少是在企图以一种更为真确的形式来展示它。"批判历史学的前提假设"这一标题就简洁了当地表达了这一学说乃是非批判的对立面，并且还预示了这一结论，即一部历史学而没有所谓的偏见，乃是纯属幻觉，到处存在的全都是建立在幻觉之上的历史，而所应有的历史则是以真正的先入为主的观念在整个这一领域内所通体一贯地展开的历史。

二　什么是历史事实

一切事实都是根据推论而得出的结论或理论

但是从一开始对待这个问题，我们就必须再一次回到非批判的头脑上面来，以及他那有关历史传说的学说或隐喻上面来。正如以上所提到的，历史学领域的最终成分乃是由一项对所谓"事实"的反思阶段所提供的，并且是必然会提供给它自己的，它那烙印就落在了那个消极地接受并保存下来了的见证人的身上，从而把它自己所呈现之于观察的，就被如是的观察者所重复或者是写了下来；并且在叙述者这方面并没有直接作伪时，便始终是一项单纯的而又不可分解的材料。这便是简单的重行制作的理论，是一种不单是在常识世界里可以遇到的观点：人们的心理已经把它造成为自己的，并且以哲学的名义和头衔把它奉之为神圣，而且我们还获得了一种绝对确凿性的心满意足，即心灵在知觉中乃是消极的，而知识的最终成分乃是由感官所传递的种种事实。

我们并不准备、而且也并不必要在这里充分探讨由感觉主义所提出的问题以及"隐喻已经被提炼成为一种教条"的这一真理。在这一普遍性的问题上，我们将使自己满足于这一说法：即在知觉的行为上，心灵同时乃是被动的；这一点毫无疑问是真确的。但是这种说法是一回事，而谈到感觉（指单纯的感觉而言）——仿佛是仅就其自身而脱离于心灵的活动之外——则全然是另一回事了。它们乃是作为意识的客体而存在的。那乃是在肯定：一种单纯的感觉其本身便足以构成知识与实在所需要的最低数值;而这一论断却在过去、在现在而且在将来都永远是缺乏证明的。它不可能存在乃是因为其证明或者哪怕是其论述都纯属自相矛盾;它之成为一项自相矛盾乃是由于如下的原因。一个论断而尤其是一项证明,都是思想上的,它乃是一种判断,其中包含理解的运用,因而由判断所联系起来的各项,就都必定是属于理解的范围之内。它们必定是智性的对象,从而在多少是完整的意义上便是相对于智性(intellect)而言的,总之也就是可以理解的(intelligible)。但是单纯感觉的本质则是全然没有智性的,因而对于感觉作用作为感觉作用而作出一项单一的肯定判断,便是把设定为把理解排除在外的理解当作是相对的了;而这是一个矛盾。

当发现了一个客体乃是不合理的,却还要去追溯其原因;当思想已确定为相反时,却还要再思想那相反的思想,要思议那不可思议的而又无法转化它时,这便是自命为"经验哲学"的事情了。那便是在追求注定了永远要在我们怀抱之中消逝的一个幻影、在我们所能掌握的天际之外的一个在嘲弄着我们的幻影,我们知道它是我们所能掌握的全部不真实,而它那存在是必定要在人类所拥有的那座大门以外消逝的。

然而不管它可能是怎样;我们并不关心要肯定一般可以被认为是最低限度的事实其性质如何。我们所探讨的对象乃是历史,而在这里则尤其是历史领域的终极资料,我们想要知道的并不是什么构成了任何事实,而是什么构成了一桩历史事实,以及缺少了什么就没有任何东西有权可以称之为历史事实这个名称。总之,我们必须探讨在历史中以及对历史而言,什么才是对历史事件的存在所需要的东西以及那永远不可能作为一分子(不管它本身可能是什么)而参与对以往的叙述之中的是什么。

对于批判的历史学而言,所存在的事实乃是种种事件和被记

二 什么是历史事实

录下来的事件。它们是被记录了下来的,而那就是说:尽管它们乃是心灵的作品,然而这时它们却无论如何都不是单纯的感受,一般地说也不是这个人或那个人的意识的私人内容,而是被确定了的并且是公开发表了的,是永恒的而且是一切人的心灵都可以接受的。不是这样,它们就不能成其为历史;而历史也绝不是为着它们的。它们乃是事件,而那就是说每一样事件都不是单纯的非复合的单元,而是其自身之内就包含有一场运动和一个过程,是各种元素之间的转化和联系——(也就是说,它们乃是)各种关系,其中的各种成分是可以分辨的,虽说它们无法被分开。它们乃是被记录了下来的事件,而那就意味着虽则他们本身是流转不居的,然而它们却是被固定了下来的,虽然它们在时间上是可以划分的,但它们却被视为一个整体;而且尽管它们是心灵的产物,然而它们却依然是独立的而且是实在的。

历史事实的特点就其本身来考察便是如此。现在我们必须就其与个别的目击者或记录者的关系来加以考察。让我们把它们看做是他的意识的对象来看待,并且问一下它们都是什么?又是什么样的心灵功能与它们相适应?

要在简短的篇幅里就解决这个问题,几乎是办不到的;为了保证简洁起见,我们在这里就必须要可能情愿满足于某种论断。

它们不可能是单纯的感觉。一堆杂乱无章的感觉并没有统一性,因而就不能确切地称之为一个系列,哪怕把它们重新组织成为我心中的一串感觉,那也不可能表达出事物的外在变化。总之,从感觉到对一桩事件的记录,其间并没有而且也不可能有自然的过渡。

如果我们回忆所叙述的事件的特征,首先最清楚的便是它们在心灵之中预设有联想的结合与认可;结合是由于凡是分开的(区别的)同时也是联结的;而认可则是由于被感知的可分割的单元乃是一个具体的整体。它们需要有着区分主体与客体以及区分一桩事物和另一桩事物而又保持着它们统一的联系的那种能力在起作用。总之,他们见证了判断的存在。而至多只是有一种感觉存在着,它既不是实在的,也不是不实在的,既不是真的,也不是假的;然而每一桩事件都是已经发生了的,或者是不曾发生的,而每一个判断都宣称是表达了真实,尽管它可能并未成功。

历史事件(在我们对历史一词的限定意义上)首先就包含着一个判断。它是"客观的",它以其自身而与众不同,然而它乃是一个整体。

但是其次,它包含着有比我们称之为单纯判断更多得多的东西。如果我们取一桩最简单的历史事实并考虑一下它所试图表达的那种转变的复杂性质,我们就会明白,我们所涉及的乃是大量的判断,其数量之繁多,使得我们要疲于奔命地加以分析。而且同样清楚的是,这许多的判断都是相互联系着的,仿佛是解决了一个单一的判断,就解答了整个的事件似的。

这一判断在其自身之中就包含有许多的判断;那必须看做是它的结果,或者换句话说那就是一个结论。

于是历史事实(对我们来说)便是一个结论,而一个结论——不管它看起来是多么地有似于——却绝非是一个任意编造的故事。我们是把现有的种种信念所形成的世界以及一种新例证的新材料,全都带入了它那论断之中。它们便是我们立论的根据,而且我们知道它们就是如此,或者说至少是我们可以知道它们。对于我们认为我们有理由所说的任何事物,我们的那些真凭实据全都是建立在显然的或者是隐然的推论之上的;总而言之,我们的事实都是由推论得来的,而它们的确实性则有赖于使它们成其为它们的那种推论的正确性。

构成为被叙述的事件的,便是(或者说似乎是)如此;而假如它

二 什么是历史事实

那陈述乃是一个悖论,那至少并不是什么新的悖论。这一结论所缺乏的证据或许是读者所并不需要的;但是无论如何,只要是涉及到如下所说的,他至多是必须寻求一种更进一步的说明。

再回到这一讨论上来。在对于最常见的情况之最直截了当的见证的积淀之中,每一个事例都包含有对此前已知在新的特色之下具有新特点的认可:它包含着推论的判断;对于本质和属性的推论、因与果的推论,以及假如推论是错误的话,那么事实便是不真实的。中介的和复杂的东西应当呈现为直接的和简单的,这只是最平凡不过的经验了。我们看到我们所见的东西,而我们知觉的对象则要受制于我们知识的各种前提,受制于我们以往的种种经验。不仅新颖的图像是被孩子们认同为一幅熟悉的影像;而且对于我们每一个人以及我们大家来说,一种不确定的形象也都是突然一下被确定为是一个特殊的对象,又或许一个姿态的颤动传达了灵魂的某种情绪,——而这一切似乎都是瞬刻之间感官上的一种单纯的传达。

然而,这是一句谚语:一个人在一切事情上都可能犯错误。而对我们的错误加以反思(当我们确实反思的时候),就会给我们带来这一信念,而我们之所以错误只是因为我们做出了判断,而不存在有错误与真实这一条件的话,存在对于我们便会是不可能的。

假若我们诉之于最坚强的事实、最经过了验证的事实,就像是它们在我们的法庭之上已经验证过了的那样,我们却仍然不得不承认并没有什么事实是不可能错误的;而在任何情况下,错误都是基于一种错误的推论。但是,正如我们已经说过的,想要全然禁绝或者是全盘推翻以推论为确凿性与真实性的保证,却是纯属幻想。最好的见证人乃是由于长期习惯而在自己的判断中已经获得了比较正确无误的那种人,哪怕是个孩子在通常问题上的见证也是有价值的；然而有些事情，其证言是没有价值的，并不是因为它做出了推论，而是因为它并未能做出推论或者是错误地做出了推论；并不是因为我们无法信任它的眼光，而是因为我们无法信任它那推论。

在这一点上，很自然地就会反驳说，律师在反复审查中，总有办法排除证人的结论而得出通情达理的事实的。这一点在一定程度上是真的，一个见证人（在某种情况，乃至在某一点上）可以被迫回忆起来并解开使得那些事情之成其为那些事情的推论环节。但是要把他限定于各种感官上的事实，则是要把他逼到无所作为的地步了。如果一个人想要说什么，那么这种考察就终于面临着一个判断，它不可能称之为一桩感觉的事实，然而它却不接受对它的分析；因为尽管那也必须有一个理由，然而那却是不可能加以回忆的，因为作为一场有意识的推理的构成部分，它在意识的面前永远也不会是明显昭彰的。在这里，过程就必须中止，而事实的*存在*与否则有赖于见证人在其他方面的真实可靠性以及他对于一般题材的判断的正确性。然而尽管有着种种警惕，最优秀的见证也还是可能错误的。没有任何证件是能够完全避免错误的，而错误的证据的可能性就包含着错误推论的可能性；而且它在任何情况下都是无法解说的，除非是假设对最简单的情况的见证就包含着（而且由于推论的缘故它还就是）它那样子。

假如每种保证就是这样得以成立的话，那么没有任何保证又会是什么样呢？而且如果最终合法的事实在其本性上就是推论的，那么我们难道不能以更大的真确性来说：在历史的领域中，我们并不具有、也不可能具有任何事实是没有其本质上的存在的，它们的存在乃是有赖于推论性的推理的。

被人们记录下来的孤立事件的正确性有赖于一种理论，而被记录下来的各种情景的链索则是一种更为广阔的理论，那必定要

二 什么是历史事实

与被想象是由被动的感觉所构成的事实距离得更远,而且与真实与虚妄的更大的可能性在一起,就必然蕴涵着其积极相结合的更多的存在。我们不能够准确地回忆我们所不曾正确观察到的事物,而正确的观察并非只是接受一系列杂乱无章的印象,而是要把握事件的行程作为一个互相联系的整体。

有一桩不可以视而不见的事实便是:我们的记忆之所以是正确的,仅只因为它们是可以纠正的,而它们之成其为可以信赖的,仅只是由于经历了一番经常地和习惯性地加以纠正的回忆,由于纠正在每一个场合都是把它的成分确定在它们所固有的关系上的那种秩序而决定的,于是它的结果便是各种现象的一副调和的系列。

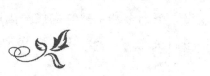

三 历史学中的推论的性质

> 推论由证词而开始,而作为证词所陈述的
> 则有赖于历史学家从自己本身的经验中
> 所能推论的东西

我们已经考虑过了原始的历史资料,无论是单独的事件,还是由目击者所叙述而成为的系列;而我们迄今所看到的便是在历史学的领域是不可能使我们自己脱离推理过程的,而且在每一种情况中所被称为事实的,实际上都是一种理论。理论与事实的统一(迄今为止,并且是在这种意义上)乃是我们刚刚讨论完结的那个阶段的终结,但是我们还远远未达到我们最终的结果。

可以争论说:"你那结论尽管从来都不那么真确,却还远远未能在假设上或在前提假设上论证历史学家的正确性。即使它在事实上或在叙述上是像你所想的那样;但它们乃是作为证件、作为别人的经验而呈现于历史学家的面前的;并且无论它们本身可能是什么;然而对于历史学家而言,因为他掌握了它们,它们便是事实;并且无论如何,一切有关它们的进一步推论,全都是多余的。"

这一学说可以论述得娓娓动听。它经得住实际上应用于对我们日常生活的检验吗?我认为把我们自己的毫无片面性的耳朵无所谓地分派给或然的和不大可能的事情、分派给真真假假的事物,而其理由只不过是因为我们并没有用别人的眼睛在看,并用别人的耳朵来听;如果我们加以考虑的话,这倒是一种奇怪而又过分的

要求了。

我要肯定：对宣扬这样一种信念以期能有它那最微小的例证的人们，我们可以长期地追求却终归枉然。于是我们心中就会呈现这一反思，即一切事物总的说来是同样地可信，这一信念要比激烈地肯定某些事物是绝对确凿的而言，乃是更好的阐释。

有理性的人的通常经验就以这一论断而为我们作了证，即我们没有理由是不会相信的；一项被另一个人所陈述的事实就始终维持在它那位置上作为是一项被陈述的事实，除非我们有某种原因把它当作是真的并使之成为了我们世界的一部分；而且再者，这一理由和根据乃是一项推理的（假如并不总是一项合理的）判断，它出自事件与目击者的性格之间的可能性或相似性。我们个人的经验与作为他人经验的证词这二者之间的区别，并非是一种可能有的倾向用之于修订我们以上所达到的结论的最小的区别；也就是说我们全部的历史乃是一种推论的事实。

此外，这一区分在某种程度上乃是幻觉的。假如说"一切知识都来自经验"只不过说的是"一种空间的同义反复"而已，那么要断言一切经验都是个人的经验，也必定只不过是在说一种相似的同义反复而已。一个人不可能超越自己的意识这一教诫，对于我们的耳朵并不陌生；我们已经学过了这种（重要的或者是其他的）教导，即我们只能知道我们所能知道的事物，而我们的世界永远都不可能大于那个将是要属于我们的世界。

这是一种学说，它往往只不过是代表我们喜欢相信什么和不相信什么的一个理由罢了；然而此处它却是反对见证与经验两者相分离，因而有其意义。别人的经验对于我们并没有意义，除非是它能变成为我们自己的；别人的经验对于我们并不存在，假如他们不是生活在我们的世界里的话。假如我们知道别人存在，我们知道这一点乃是一种推论的判断；而且正是由于一种类似的判断，他们所见证的事才成为了我们的。对于我们而言,他们和它都不可能是什么别的,而只能是我们经验的一部分,是由于推论而成为了其中的一部分;并且超出了那种推理范围之外便没有任何的有效性或任何的保证。若要否定这是在陈述二律背反的反命题,那便是陷入自相矛盾了。

如果凡不在我们经验之中的,都不是我们的,那么见证(假如为我们所知道的话)也就必须同样地包括在内;在这一点上,有一种为人们所熟知的解说或者可以容许拿来试图对上面的说法投射一道光亮。

我想象着今天我在街上遇到了一位朋友,我把这当作是一桩事记录了下来,即我曾经见到了 A;但这是一项推论,是对有关某种设想中所回忆到的感觉的理论。第二天我被一个目击者告知,A 昨天死了;我根据目击者的手书推论以及对 A 的亲属手书有关他死亡的认定,使得我相信了这一点。现在这是一桩事实,即 A 昨天死去了;但这一事实又是我的推论:正是我使得它对于我成为了一桩事实;假如它是一桩阴谋在欺骗我,那么它就不是事实而是我的一次虚假的判断了。那么,这对我遇到了 A 的这一事实又成为了什么呢?这就要取决于我的推理、我的一般信仰和我的前提假设了。这可能是事实,即我见到了一个幽灵,或者事实现在可能是一场幻觉;然而两者无论哪一种都是推论。还可能继续前进得更远。我可能知道有一个像 A 一样的真实的人出现在当时当地。现在,事实却是弄错了人。这里要强调某一个时刻的视觉感受乃是最终的实在,那是没有用的;因为在目前的应用中,我们已经看到历史学在它的领域之内并不认可有这样的实在,尽管这一点从来都不是那么确凿,而且其次也根本就不需要有这类的视觉感受。因为假如没有理由假设有任何真实的人在场,而且假如就我的情况而言,产生幻象几乎是不可能的,那么事实就可能是我的记忆混乱,是我把以前和 A 的相遇的日期记得太晚了。总之事实是随着我的判断而变化的,而我的判断必定总是根据自己的经验的并且是限于其中的。

于是,历史(继续说下去)对于我们来说,便是一桩推论的事情了,而且归根到底乃是凭着我们自己的推论才获得了它作为历史、作为各种事情的纪录而存在的。再进一步说,这一推论绝不可能是从一个一无所有的背景之上启动的,它绝不是我们心灵的一个片断的孤立的行为,而其本质上乃是联系着并且完全有赖于我们一般意识的特征的。因此,过去乃是随着现在而在变化着的,并且永远都不可能不是这样,因为它永远都是它所依赖的那个现在。那个现在是它所预先设定的,而且还是它必要的先行概念(pre-conception)。

历史学必然永远都是建立在一种前提假设之上的,怀疑主义者在一长串的历史著作中看到了一系列虚构的故事,在那里面当前就被转移到了过去的时代,从而也就这样地得到了证实;但是我却希望洞察到片面论证的依据就可以显示出来整体谬误的根源。

培利①对他所称之为的"预先判决"(prejudication)提出了抗议。我们已经看到了何以每一种历史都必然以预先判决为其基础的原因,而经验则证实了事实上并没有任何一种历史其基础不是这样的,不是从它的作者的特殊立场而得出来它的个性的。根本就不存在没有任何预先判决的历史这样一种东西;真正的区别只在于有的作者有着他的各种预先判断而并不知道它们是什么,并且他们的预先判断可能是错误的,又有的作者则是有意识地根据自己所认为是真理的已知基础而在有意识地发号施令并且在创造。

---

① 培利(William Paley,1743—1805),英国神学家、哲学家。——译注

三 历史学中的推论的性质

唯有当历史学警觉到了它的前提假设的时候,它才开始成其为批判性的,并且尽可能地保护它自己远离种种虚构的异想天开。那么,就可以问:批判的前提假设是什么?

四 批判历史学的前提假设

自然界一致性的原则

这一答案无需远求。根据以上所谈过的一切便显然可见,批判的根据乃是成其为推论的理由的那种东西;而我们可以承认一种推论之为人所认可,仅只是根据自然界与事件的行程二者本质上的一致这一假设。

批判的历史学设定它的世界只有一个,而它也就存在于那个世界之中,它只是需要展示它自身的存在而已。它要求的乃是使我们在每一桩历史事实中所发现是隐含着的判断都成为显然的,而其整个的体系都可以一贯地而又合理地协调一致。作为智慧,批判就在寻求其自身时便已经是可理解的对象,而且它是以全然属于其自身的那种形式和特征而在实现其自身的(假如那终究是可能的话)。

总而言之,规律的普遍性以及大抵可以称之为因果联系的,乃是使历史学得以成为可能的条件,而且尽管不需要它来证明,然而它却必须预先假定有一项原理,并且表明它乃是在其活动的全部领域内所得出的结果。

在这个范围之内,历史学的特点也就是(自然)科学的特点,因为双方都把一种预期带入了特殊的事物,那是特殊事物在蕴涵之中就已经被实现了的:而这一点的原因则是:对于这两者而言,事实只能是由原则的本性所已经赋予它的种种属性而存在的,并且也只能是以其自身的消灭这种办法来反对原则。

我们可能在回答中被告知:"科学乃是建立在实验之上而不是在一种预先假设之上的。"我们必须回到"科学实验存在的事实就证明了有一种绝对的预先假定的存在,可以说,要建立它仅仅因为它本身已经就是建立在那上面的"。我们把我们的行动奠基于我们行动本身所支撑和所验证的一切之上。除非是根据排除了一切干扰和偶然的这一假设而外,没有人可以说一项试验的价值是微不足道的。科学家不可能事先就证明他的假设;他知道他的科学作为一项事实是存在的,而且对于它的存在有某些条件乃是必要的,而且他很少(如果终究有的话)以他那假设的虚伪性之有可能性来干扰他自己。

科学能够验证成为其前提假设乃是违反规律的吗?这就会等于是用语上的自相矛盾了(contradiction in terms)。那就会是根据一种规则在证明规则是并不存在的了;那便会是一种演绎的推论,其中的结论便成了反对作为主导的大前提的一个反例了。没有实验可以证明 A(如果孤立出来的话)一个时候可以继之以 B,另一个时候又继之以 C,因为这一证明的本身就有赖于原则的绝对性,——那就是说,支持反方实验所必要的种种判断,就由于实验所设想的结果而自行消失了。科学可以从场上全盘引退,但在它的领域之内它却别无选择而只能始终是至高无上的。

科学应该驾驭它那种种事实,这一点似乎是无可争辩的,但只有是在我们设定各种事实都是某种独立的事物时为然。然而另一方面,真相却是每一项科学的观察与实验都包含有一种真的或假的推论在内,并且只能是依靠规律而被认识其为真。成其为科学的材料的那种最简单的可能数据,并非是单纯的原子,而是表现为,并且有赖于事物之间的种种联系,而那是判断(如其是真的)必须与之相符合的。但是要想知道,思想的各种关系就表现出来事物的各种关系,却是不可能的事,除非是根据这些后来的各种关系之间绝对的稳定性这一形式上的或实质上的假设以及随之而来的保证,即一个假判断乃是我的一个假推论的结果,而不是世界上联系网的流变不居的结果。科学确实是、并且必定是驾驭着它那种种事实的,从而一桩相反的事实便是自我摒斥的,因为原则已经包含在每一个原件之中。

于是我们便发现自然科学是由一个它所无法证明的概念出发的,在这种意义上它便是假说性的,并且还详尽地展现了它那假说的真实性。再回到历史学上面来,我们就必须问它在这方面是否符合科学。

历史学与科学(科学一词在英语中往往限定于物理科学)并未表现出分歧,我们确实是大可不必提及。不像大多数科学的分支那样,历史学无法创造实验;并且它的题材也和科学的题材不一样,(我们必须认为这是理所当然的)。这个差别是很大的;但是就有关上面所涉及之点而言,我们发现科学和历史学二者是一致的,那乃是在这一点上:即,一桩事实若肯定它本身(大抵说来)是没有原因的或者没有结果的,就根本不是事实而只不过是自相矛盾而已;那原因便是当它自命为存在的时候,它便断绝了它真正存在的唯一根据。

但是在这一点上,我们肯定还要遇到一种反驳。我们将被告知,人的意志是无缘无故的,因此上面的提法就是站不住的。严格来说,因果关系应用到意志上来究竟有没有意义,我们无须追究。我们始终是在它在我们中间所具有的那种宽泛的意义上在使用"因果关系"一词的。至于自由对规律的关系这个问题,我们这里并不需要涉及。无论如何,就我们目前的目的而论,我们就可以这样地解决这个难题。

假如意志自由是意味着人的行为并不服从任何法律,并且在这种意义上乃是非理性的;那么我以为就必须容许历史的可能性消失得看不见了,而过去就变成为几乎是全然无从确定的东西。因为,如果我们被排除于对于人性的计较之外,我们对传统的把握也就消失了,从而我们对历史判断的唯一基础也就随之不远了。

然而我们发现日常所认为确切的以及最重大的利害所最为攸关的事却恰好相反;并且只要在许多案情中根据出自于人类行为的法律结构而来的权利而对罪犯加以执行的话,那么至少就没有实际的必要由于偏爱任何人的怀疑或者教诫而抛弃历史的证据。

于是当前的许多问题,这时就似乎清楚了,——批判的历史学必须有一种前提假设,而这一前提假设便是规律的一致性。而我在这里便结束了目前所探索的另一个阶段。

五 历史的推论与自然界的一致性

推论的基础就在于历史学家本人的经验
与他所研究的过去二者之间的类比

但是这一点——我们将会被告知而且是很正确地被告知——是太不明确了。现在并没有任何人肯定各种事件历史的存在是没有因和果的,问题的要害在于要更加严谨地确定这种普遍原则的特性。我们将被告知:"一致性是一个空洞的词句;类似的原因无疑地是会继之以类似的效果的;但是在历史的繁复多变的领域之中有许多原因并不同于我们当前的经验之中所显现出来的那些,因而它们就蕴涵着会有非凡结果的显现。"对于这一困难之点就有必要试图作出一番明确的理解了。

我们已经看到,历史归根到底是有赖于从我们的经验所作出的推论的,亦即根据我们当前的事物状态、根据我们自身的个人世界(也就是作为在我们的宇宙之中并且是它的成员)的一种判断;而这就是我们所拥有的可以掌握并把所设想的事件认为是真实的唯一手段和论据。因此当我们仿佛是从外部而提出所谓的"历史事实"的时候,它那样子仿佛是与我们现在的天地之间所有的一切都毫无关系;当要求我们肯定过去时候所存在的事件时,而其因果却断然与我们所生活于其中并且与我们所知道的这个世界是无从类比时,——我们便茫然失措了,除此之外(就我们目前所能见到的而言)便找不到任何其他的答案,我们是被要求建立一座没有基础的房子,或者说是以我们的工具来建构一件与我们这些工具毫无关系的作品。我们又怎么能做到这一点而又不自相矛盾呢?

当我们进一步反思我们目前经验的范围和分歧性、它所显示的不同发展阶段的广泛以及它试图在所有那些多样性之中要发现一种统一性之持续不断增长着的成功;这时候我们就发现更加不可能接受从天上掉到我们中间的这个外来星球之谜作为我们自身的真实世界的真实过去,它是从天上掉到我们中间的并且是以一种语言而写就的。

我们的困难乃是这一点,——我们被要求肯定历史上因果的存在,而那是我们现在当前的经验中所找不到的任何类似的东西。另一方面,又只有从我们对当前存在的知识之中我们才能推论出过去所曾存在的;而且既然如此,我们又怎么能首先从世界就推论出世界上历史证件的存在,然后又由此出发走出这个世界,而我们却无时无刻除了在这个世界的基础之上而外便是不可能立足的呢?

随着我们在反思,我们便(或许是不成熟地)得出了这一结论,即根据历史证据的力量,在历史领域内断言有任何因或果的存在,那就除非是坚信我们有某种东西与之相类似,否则的话便无非是一种自相矛盾而已。而正是这一结论经过了必要的解说之后(而且甚至于看来可能是加以某些修饰之后),我们就终于必须从事于保卫它了。

这一说法乍看起来似乎像是一个悖论,而且暴露在了各种外界的反对议论的面前。对于它们或对于其中的某些,我们必须在最后进行答辩,但是同时我们却不得不面临着一个严重的内在难点。

我们目前的观点如下。对于历史采取一种批判的观点,一般地就蕴涵着大量的历史材料不再与我们是合为一体的了,不再与

五　历史的推论与自然界的一致性

我们同行共处作为是我们觉得是自然而然的那种实体的一部分了；而是它作为一项财富已经与心灵相脱离并且被认为是脱离了它并凌驾于其上而成为对智力提出问题的一个对象。这个对象尽管是一种财富，却还不曾被占用；虽说我们拥有它，我们却还不曾把它变为我们自己的；而且尽管它本性上是合理的，却还不曾被合理化。我们已经进一步看到，既然有关以往的一切确凿性都有赖于当前的推论，那么对以往的一切考订的证据和基础就必然是由有关当前的知识所形成的。

我们在这一点上最初所遇到的困难，便呈现为如下的问题："是否成其为准则的，其本身并不有赖于经验？"也就是说，历史学家目前的知识在很大范围内，岂不是都有赖于别人都告诉了他什么，而且事实上在很大程度上也就包含的是这些吗？可能有人反驳说："历史学家或许也批判地划分了过去（例如在目前尚未得知的那种确切的意义上）与当前已知的世界；然而这一历程却是虚幻的，因为这个已知的世界乃是他的心灵的装饰品，而形成其为尚未加以系统化的那类东西的标准的宇宙，则其本身大部分却是建立在与别人相交通的经验之上的。然则要预先假设未经批判的见证作为是批判的准绳，并且把它吸收到它那肌体的全部组织之中，这岂不是纯属矛盾吗？"

这项反驳需要加以考虑，但它那力量却有待于我们的假设被当成是历史学准则的当前经验的乃是单纯的日常经验；而对它的回答则是我们要考虑当前的客体所包含的证件乃是（或者至少应该是）并非未经批判的材料。总之，要成其为历史批判的基础的经验，必须其本身就是一种批判的经验。

批判性经验的对象既不能说是现成给定的，而且只要是涉及个体的批判者，也不能说是成长起来的。它是被塑造出来的（或者说，它塑造了它自己）；它是一种创造，尽管并不是无中生有；它是一种有机组织从有机物质中的新生，但是它本身却不再有生机。

　　早期生活中的内容被纳入了并且构成为我们的意识，它们包含着我们个人的经验与别人的经验无可分辨地融为一体，它们在缺少批判的心灵里（至少对它自身而言）就有如一个杂乱无章不成体系的意识世界。正是面迎着这样一个世界，批判的智慧就觉醒了，而它的觉醒便是它那种材料与其自身相分离。它在这方面（就其觉醒而言）就建立了自我意识的统一性，并且把它的材料看做是外界所要求于他的那种同样的一体性，那种智性的统一性作为一个智性的世界乃是它所需要具有的，而且确实也是具有的。这一新的实体——它现在对于批判的心灵而言，乃是唯一的、不断增长着的实体——乃是对于旧世界的重组；它是真实的仅只因为它是被重新创造出来的，而其可以重新被创造仅只是因为它被联系到一个合理的体系之中。这里的每一个部分都必须是活生生的，并且是活在整体的生命之中。从权威那里所接受来的死材料，并且因为它们是这样接受过来的而被认为是真的，现在就必须申述它们自己的理由了。它是真的，假如终究是真的，现在也不是再作为单纯的证件了，这是因为它已经被作为当前存在着的批判对象所考察过并且被人满意地调节过了。

　　这便是它那重新生命化的条件，亦即它可以被纳入当前的批判世界之中。那么这样地在掌握着生死之权的这个世界又是什么呢？它便是那个被批判观察的世界。这个终极的真实客体、这个最后的参照系和最终的基础，乃是被曾经是、或者可能是在我们自己外在的或内在的批判观察之中所亲身证实了的。如果我们被问到我们信仰的理由，我们迟早就终于会被带回到这一点上面来；它便这样成为了我们当下亲身的（尽管那并不必定意味着我们个人的）经验；在那上面乃是我们全部的确切性通过了许多的或少数的步骤所依恃的。

五 历史的推论与自然界的一致性

从而,我们对上述反驳的答案便是如此。我们当前的世界肯定地包含有见证的材料,但并不是作为见证的材料。我们所依据的乃是个人的观察;而凡是我们有根据与之相联系的,我们便将接受,这是因为它与之相联系并且服从于对它的诉求;我们将不接受任何其他的东西;我们就是依据那个基础在安排我们的世界。

然而我们的世界就被延伸到了(大抵来说)与此前的各种现象毫无相似之处的种种情况之中,这乃是一桩事实。而且,既然如此,我们目前就远远还未能确立我们的论点,亦即缺少了当前世界的类比,历史学就不可能验证种种事件。因为何以历史的验证就不应该提供这种非类比的情况呢?我们的答案就必须取决于我们所赋予"历史见证"的意义。如果历史的见证蕴涵着不只是或然性而已,如果它等于是科学的证明,那么上述的问题就始终是无法作答的。没有理由说,为什么这类证明就应该是不可能的。但是如果我们看到了有理由(或者是选择了)以科学的来反对历史的见证,并且把后者限定在或然的范围之内,那么这个问题就自行回答了它自己,只要一旦我们发现了以上所述延伸到非类比的方面的条件是什么?这些条件都是些什么呢?

我的现实世界可以由于纳入了新的事实而得以扩大,而这一点无需任何特殊的类比便是无可争议的。而且首先(1)它可以被我本身的观察而这样加以扩大。让我们以所谓的"催眠"现象为例。它们可以说是(就目前的目的而论有着充分的精确性)在观察者此前的世界里的任何事物都不可能有任何的类比;然而却没有人会认为:认识并肯定这些现象乃是真实的事实,就是不可能的事。另一方面,并没有人会断言这些事实可以由同样数量的观察而向我们加以确认,犹如对于某一类已经(全部或部分的)被认识到了的现象可以归入到一种被认可的条目之下,作为是一种类似的或附属的系列。总而言之,假如把我们委之于我们自身的观察而并没有任何可以类比的东西在支持我们,那么我们就确实可以肯定学到新的事实,但却唯有一种条件,即最仔细地加以核查的这一条件往往是重复的。

六 非类比验证的问题

对非类比的知识可以由于意识的认同而加以调节

迄今为止所谈的都是直接的观察。让我们现在就过渡到见证(2)，而在下一步就来问：我能以同样的确凿性转手得到非类比的事实吗？而假如可以的话，条件是什么？

让我们再一次举出"催眠术"的现象。它可能在我们的经验中是无可类比的，然而我们却可以根据证词接受这类事实，认为它并不比我们自己亲身所发现的更缺少确实性。它们为人所接受，并且是作为经过了验证而被批判地加以接受的；但是另一方面（尽管并不违反使经验得以成为可能的条件，而且也不与他当前所知道的对象相矛盾），它们在个体批判者的世界之中却可以没有任何显然的类比。

见证要依靠经验，然而见证又逾越于经验之外，而且看来还似乎是并没有经验的支持。这是怎么可能的？答案便是：在这里、在最强而有力的想象的情况中，见证必定是可想象之中的最为强而有力的，它对我们自己最为细心的观察也必定是同样地有效。没有这一点无论什么别的都是不够的。于是便出现了这个问题："这样的有效性是怎么可能的？假如正像我们所看到的，见证最终必定是要建立在个人推论的基础之上，而且假如个人亲身的知识最终又是基于我们亲自的观察之上的？"

解说是这样的：——由于各种推论不管是多么复杂，然而终于是基于个人的观察之上，我们本身便是这样地使自己领会了并掌握了别人的意识，我们便有理由认为他们的立场和我们自己的立场二者的同一性；亦即，我们可以确认这个已经被体系化了的世界——它被对观察和对催眠现象进行归类的目击者弄成了一套信条——实际上和我们自己所应该得出来的乃是一样的。从而我们就肯定，别人是可以替我们去观看的，因为我们知道他们能够代替我们去思想。而且我们既然具有这一全然的信心，我们便毫不冒险地逾越了我们自己的经验所无时无刻都是应该负责的东西，亦即由于个人的颠倒混乱而产生的错误。

或者换句话说，根据我已经知道的一切进行推论，我肯定发现目击者的心灵乃是一个宇宙、一个六合，也像我自己的一样，并且服从同样的规律，因此在他进行观察和判断的品质和意志而外，我是否可以得出结论说他的判断在我看来，就恰好和我自己的一样。他可以正确或者错误，而我也同样可以；他很可能是正确得和我一样，而且（除非是有了新的观察而外）我只能是以那个告诉我说我是正确的同一个标准来说他是否正确。假如我能对他的新事实运用一种反面的和正面的批评，有如我对我自己的新事实所做的那样，那么他的事实就和我的事实是一样地好。我们的客观世界被认为是同一个，他主观上扩张客体的能力，大家都知道和我的相同，而我们个性上的区别对于物质本身是不会造成任何不同的。

我们已经看到，见证即使是不进行类比，也可以成为我们当前批判对象的一部分；但是我们也看到那是在什么条件之下。见证是超越了个人见证之外的，但是并没有超出我们的经验之外；或者说它把我们带到了我们的经验之外，如果说它带给了我们以经验的话。它不是未经批判的，它是建立在我们世界的基础之上的，假如说终究是的话。它被造就为是要服从规律的，而且是被联系于我们个人的经验而成为了它的一部分；那并非是以其作为见证的

六 非类比验证的问题

见证者的权利,并非是以其作为见证人的见证者的权利,而是以我们自己智慧的权利及其保证。

上面所提出的问题,即"在什么条件之下有可能把我们的经验延伸到新的现象,而这些新现象(大致说来)与此前已经被观察到的东西是无从类比的",已经得到了解答。脱离了我们自身观察之外的这类扩大化,只有通过上述意识的同化才有可能。这是唯一不可或缺的条件。

这一结果的含义,当以其反面的形式作为对如下问题的答案而展示出来的时候,就会更加清楚了:"在什么条件之下,证词就必然无法确定一个非类比的个案?"首先,我们必须说:凡是在我们一般地无法验证证词的时候;其次是我们无法对其特殊的程序感到满意的时候。

(1)首先,只要目击者立场于我们自己的(全然的或者是有关所探讨的某一特殊类别的事实)不一样,或者是只要它那符合一致之处不为我们所知,那么这里的证词与我们自身的经验无从类比,便不能成立。因为无论一桩事情可以是多么地可能,然而我们却不能根据证词就认为它是真实的,除非我们有理由把它和真实联系在一起。类比便是这样的一种根据,但是缺乏了类比,剩下来便没有什么东西而只有推论才具有证词的力量,它只能存在于我们自己的意识和别人的意识相一致的这一假设之上(无论是一般地还是只涉及世界上某一特殊的部分);而在目前所假设的情况,我们却无权这样做。

再重复一遍,——凡是在所谓的"事实"是归之于与我们的世界观所不同的世界观之下而得出的地方,凡是在我们未能弄清楚其判断(有意识地或无意识地)所根据的是否与我们自己相同的一种秩序井然的体系,那么这里的事实除非是根据类比便不能加以肯定;因为叙述所根据的是与我们的信念不同的信念,事实就要受到信念的影响,或者说就我们所知道的任何事物而言,它们都可能是如此;我们并没有把握认为它们就不会受到影响。上述的说法应用起来便是:凡是包含有一种整体上或者是在有关的部分上与我们不同的一种宗教意识或者世界观对"各种事实"的任何判断,都没有力量足以为我们保证与目前经验乃是非类比的任何事件。

(2)其次,哪怕是我们能够肯定见证人是从一个和我们完全一样的观点在看待他的事实的;然而即使承认了这一点,凡是在我们无从假定目击者是大公无私的地方、凡是在我们没有坚强的理由可以相信情况已经受到了我们自己应该认为有必要数量的精细而明智的观察的地方——在这些地方,意识上的认同,就仍然是不完整的;这种见证并不等于我们亲身的证实;而事件如其终究能成立的话,也终究是根据类比,离开了类比不可能被接受。

我们已经问过了这个问题:"我们的知识能够被我们自己伸展到把一个崭新的现象世界都包罗在内吗?"而我们已经肯定地回答了这个问题。我们已经陈述过了那种办法,即我们自身的严谨的观察。我们又已经问过:"在类比失效的地方,见证能够照样扩大我们的经验吗"?而我们也已经回答说:"是的,凡是在意识的认同是可能的地方;但是凡在它是不可能的地方就决不会。"之所以"决不会"是由于这一理由,即我们为了保持批判的态度,就必须依恃我们自己的经验,而一种扩展了的经验只是在我们制造出它来的时候才是我们的,而见证的材料——当其并没有直接地以其自身而有效的这样一种方式而成为我们的——则必须以我们当前的知识为基础的推论必定是有效的而间接地成为了我们的。这样的结论乃是一种类推,而根据单纯类推的论证,你却不可能得出一项非类推的事实的结论。

七　历史证据的特点和历史学的限度

我们将必须回到这后一项的陈述上面来；但是目前我们已经结束了我们一般有关证词所必须说明的一切。我们必须过渡到具体的历史证件上面来。我们以上暂时论及的历史证词在任何情况下都无法确立非类比性；例如它不能确证"催眠术"现象的存在。乍看起来，似乎以上所述并没有理由可以支持这样的一种论点。然而我们必须试图论证它。

但是这样的论证唯有以大量的假设为代价才有可能。历史的证件可能证明以及不可能证明什么，最后必须取决于我们所谓的"历史证件"是指什么。对于这个问题的答案，我们在很大程度上必须当作是理所当然。

什么是历史证据？在我们尝试之前，它似乎是太容易回答了；但是这项努力却对我们肯定有着不少困难。

当我们谈到历史证据的时候，当我们强调"历史的"时候，那着重点是由于在我们心目中"科学的"与"纯历史的"二者之间或则公开地或则隐蔽地所存在着的对比。通常我们想象这两种证件之间有一个区别，但是要把那种不同形诸文字，则无论如何都是件吃力的事；而且要这样做却又不预设某些成其为争论之点，我相信那在目前的舆论状态之下乃是一件不可能的事。

要提出一种片面的答案是很容易的。如果我们愿意，我们可以说：历史乃是过去对于过去的证件，而科学则是当前对于当前的证件，这是在它乃是不可改变地存在着这种意义上的当前；而这一答案，假如说它不是真理，却无论如何也必须说它具有其真理性。但是，就目前的目的而论，就其简单的形式而言，这一点却是全然不够的。

因为在某种意义上，我们除了对过去而外便一无所知。科学见证、科学观察也像一切人间的事物一样，乃是处于时间之中的事件，当我们作为当前而在把握它们时，它们却已经过去了。这并非是心理上的加工：没有任何人是如此之敏感或是如此之粗心大意，乃至于不能领会今天的现在就是明天的过去、下一周的这一周、本世纪的上一个世纪。

再者，在某种意义上，我们除了目前而外便一无所知。知识的对象必须就是当前，这乃是一项真理；而历史的证据如其对我们有效的话，就必须是此时此地就在我们的面前。

而且在实践上，时间上的区别比起空间上的区别来，并不更能作数。一项科学实验是今年还是去年做出来的，其本身可以是全然无关紧要，正如它是在英国还是在美国做出来的这一事实一样；其间的间隔对于我们是无所谓的。历史的证件也可能被称之为是与我们自身同时的；但是这样一种思考其本身并不必然引导我们要去相信或者是不相信它。我们今天正统的天主教徒除非是从天主教徒那里，是根本就不会去听他那故事的；而未受教育的人们有关巫术和鬼怪的种种故事，也并不由于他们是属于当前这一代人的这一事实而更受人青睐。

过去与现在的区别，正如我们所看到的，将不会有助于我们摆脱困惑；而当我们想到我们无法举出某一项单独事件在某个领域会不被认为是科学的对象时，我们的困惑一点都不会减轻；——"科学"是在物理科学那种狭隘的意义上被诠释的，而事件却是被置之于其全部含义的无限范围之上的。另一方面，我们又面临着

七 历史证据的特点和历史学的限度

这样的思考:有很多人都认为并没有任何一项单一的"科学的"事实作为一项事件是可以被排除在历史之外的,——假如我们让自己接受此词的最为充分的用法的话。

有鉴于情况是如此之复杂,当我们发现被历史和科学所验证的对象既显而易见地是不可区分的,而验证人的日期其本身又是无所谓的,这时候我们对于再要看出我们所设想其存在的那种本质区别就会感到茫然失措了。

如果我们进一步把这一区别限于仅只是程度上的,并且说历史及其证据乃是或然的,而确凿性乃是属于科学的本质,那么我们或许就会说明什么才会全然是真的,并且至少是在文字上将会确定我们的论点。因为假如历史作为一个整体乃是或然的,并且假如每一次或然的细节都被认为是奠定在类比的论点之上,那么历史证件的材料假如终究有的话便是建立在类比的论证之上的,那便是显然的悖论了。但是这一说法之所以为好,仅只是在字面上,而所应该加以突显的不同之点,却简单地被忽略了。我们将会被人发现只不过是论证了:凡是确凿的事就是科学的事,而凡是不可证明的事就是历史学的事。

把科学的和历史学的材料等同为一体,不仅其本身就是一种严重的假设,以为科学的意义就是自然科学,而且它对于我们的目的而言,实际上也是无用的。它是无用的,因为"科学的"和"历史的"这些词语一点都不会帮助我们得出什么结果,而且在这种意义仅只能是表达其结果自身而已。它们只会是"必然"或"或然"的空洞的同义语。

对于上述这类的定义,不值得费力去纠缠。这类企图是徒劳的。为了终究要保持区别,历史学的领域就必须加以限定;而历史学是只能以反命题的面貌加以限定的。要界定历史的见证我们就必须划分开有人认为是不可分割的整体,而要以证明来做到这一点，就包括要沿着这一立场的全方位的投入。

就我们的目的而论，这里就别无可行的办法，除非设定我们所思想的乃是必要的，而且还要记得它彻头彻尾始终是一个假设。

我们首先把历史证件认作(1)是在历史之中的，也就是说我们把它限定在人类传统的领域之内。地质学和地理学的证据、地下发掘的证据以及得自语言的证据，我们都拒绝承认那是严格的历史的。那原因是它们本质上并不属于人类有记录的时期，而历史著作在这里乃是批判历史学的界限。

历史的证件其次(2)乃是对于历史而言的。天文学或气象学的记录、有关自然事件所保存的全部记录，正如我们所理解的那样，并不属于历史学的一部分。历史学对于我们也是种种事件的记录，但只是有关某一个单一领域的记录，是有关人们的各种事迹和苦难的传说和故事。

科学可以建构我们的体系或我们生活于其中的这个行星体系的发展的理论、动物生命的起源及其品种变易的生长历程的故事、有关人类生长本身及其早期阶段和缓慢级别的叙述；——这些我们都可以在这种或那种意义上加以接受（正如我们大家都确实而且必须接受它们那样）；但是它们某一个或全体对于我们目前的探讨，却必定是超出了历史学的界限之外的。这类的证据并不是历史的证据。

我们必须走得更远。对于当前人类现象种种日常的科学记录、生理学家或医生所记录的种种观察和实验以及甚至于实验心理学的各种叙述，——加上所有这一切（就其是科学而言）我们都拒绝在历史证据这一项目之下加以考虑。它们也可以是历史学的材料（有没有任何人间的事可以不是的呢？），没有任何人间的记录是不成其为历史资料的，因此在某种意义上也都是历史的证件；然而并非是所验证的种种事实在这样一种情况中就归属于历史学的

七　历史证据的特点和历史学的限度

领域。并非这些事实就是历史的,而唯有它们经过了考订的事实后来才归属于另一个不同的世界。把这同一件事表述得更简单一些:科学证据乃是一种人文现象,而它本身并不是科学的。

我们以上的反驳,其根据是什么呢?根据如下:——不仅历史的证件必须是在历史之中并且是面向历史的,而且它也(3)必须是源出于一种对历史的关注。

科学的关注在于发现现有的事物的规律,既不是过去的、也不是现在的或将来的事件,它根本就不是什么事件,而只是那永存的。历史学的兴趣在于召回那现在并不存在的各种事件的行程,它们现在既不存在,将来也不存在,但却曾经存在过。前者的目标是"变化中的永恒",后者的目标则是"永恒的种种变化";各种事实对于前者而言乃是种种说明,对于后者而言则是种种体现;前者的个体乃是被限定要被抽象化的,后者的个体则是被纳入要加以实体化的。

用更简单的话来说,科学验证的基础关怀乃是要使用特殊的案例恰好能从其中得出普遍的东西来;生命的凝固化是值得的,仅只是为了其中所包含的抽象关系的缘故。但是产生了历史验证的那种兴趣乃是一种人文的兴趣,是一种对特殊的现实化的兴趣。我们共同的天性就在我们大家每个人的身上。我们每个人都感到"人性中没有什么对于我们是格格不入的"。我们对于过去感兴趣的乃是我们与它合为一体的那种感受,乃是我们对于我们自身前进的兴趣;而且因为这种人性的存在必定是个体的,所以历史纪录的对象便是人类个性的世界以及它在时间中发展的历程。对于科学的验证而言,人只是一个单纯的事例;对于历史学的验证而言,却绝对不是。它乃是同一个被感受到的实体的一个新的化身,是显着昭彰的个性化,可能是进化到最高度的一个阶段(但是在这一点上,我们希望并不表示任何意见),因为历史的见证(witness)——

点也不关心如此这般的普遍性,它所关注的最多便只是那在某个个人或民族的精神中的体现。

我们承认,事情有可能是如此之复杂而各种心灵的倾向又是如此之错综交织,以至于科学的证件有时候可以闯入纯属历史学的领域和兴趣;还有可能是一种为科学的目的而做出的纪录可以附带着覆盖了历史学的地盘。在前一种情况,证件就单纯地是历史学的而非科学的;在第二种情况,证件便两者兼而有之了。它主要是科学的而偶或是历史学的;它不仅是历史学的,而在考虑历史证件时就必须容许我们把它从我们的结论中排除出去。

但是在大多数的情况中,我们刚刚解说过的这三个条件将会被发现足以区分历史学的和科学的验证。各种可疑的情况将会存在而且必定会存在。雅典大疫①的故事很可能无论从历史学的观点还是从科学的观点都会流传下去的;随着它的存在,它或者属于这两个方面。"催眠术"和类似现象的领域介乎于心理学和生理学的范围之间,将会提供各式各样的证据,以缓慢的程度从科学的过渡到历史学的,从而达到一个既不包含科学也不包含历史学的领域。但是这些情况并不会扰乱我们的一般区分。我们的准则必须是尽可能地发现这一验证是否要称之为历史学的;其次我们必须问作为历史学的它,是否同时也还有更多的什么,即它是否也是科学的。这个第二类——它也是科学的(亦即这类验证会被允许构成为一种科学概括的证明或其部分的证明)——我们并不称之为单纯的历史学证件,而且凡是它所存在的地方就不能应用如下的结论。

我们已经把"历史学的证件"缩小到了一个有限的领域,并且我们已经被迫要放弃论证我们的操作方式的最微小的尝试。那可

---

① 公元前 430—429 年雅典发生大疫。——译注

七 历史证据的特点和历史学的限度

能看起来是任意的,但它却并非全然如此;而且我以为其结果是和大多数人的信仰相符合的。

已经尝试要在某种程度上界定我们的术语之后,我们便可以再次提出这个问题了:"历史学的证件有可能延伸到非类比的事物上面吗"?

现在我们对这个问题赋之以另外一种形式,即"历史学的证据是或然性呢,还是证明呢"? 这里不可能进行这一普遍的区分。它必须被认为当然是不言而喻的;而凡是在它不能被容许的地方、凡是事实被认同为或然性的地方,我们便要承认本文的结论是无效的。

历史的事件是或然的呢,还是必然的呢? 我们相信它是或然的,但这并不意味着有关它的全部内容实际上都是一个疑团。它意味着:即使从来都没有如此之多的或然性推论的辐辏线,然而它却永远都不会超越实际确凿性的领域。结局永远都不是从理论上被证明的。

一份历史学的"证明"(proof)就其是我们不能加以怀疑的而言,可以是结论性的;一份法理上的"证明"在很多情况下都可以不留有任何可能迟疑的余地;但是这两者无论哪一个对于我们都不是一种科学的论证。

我们相信历史证件这桩事情,并不是一种确凿性而是一种或然性,下面就将给出这一论断的理由。但是让我们首先(1)假设承认它是或然的;然后随之而来的结论便是,它不可能扩展到缺乏当前确凿性的领域之内的类比的各种事件。

为什么是这样? 那是因为在历史学中我们有一种或然的结论,而它同时却需要作为确凿性而成立,是一种在科学上不能加以证实的假说,然而却又要被当作是一桩事实;而且对这样一种结果，唯一的办法、唯一的论证便是假说中的结论与已知的世界是协和一致的。而那就是目前的世界、可证实的世界、当今的世界，或者说是（以这个术语的另一种用法）科学的世界。

科学的命题不能是或然的；科学上的或然还并不是科学的学说。有关历史事实的各种理论，在它们乃是简单地在陈述公开的问题这种意义上，也并不是或然的。它们乃是结果；而凡是不可能有结果的地方，就不存在历史。但是根据单纯或然的证据而达到一个超乎类比界限之外的结果，——我们知道在当前的世界里并没有类似的情况，也没有任何朝着这个方向进行的倾向，——我们要认为这并不是一个明智的人的做法。

而且不应该忘记，如果历史学的兴趣并不在于扩大科学的领域，而不如说是以其全部的阶段并在其全部的多样性之中来展现人文的一致性；如果我们在已经消逝了的之中所寻求的乃是我们自己（而又有什么别的东西是我们所能寻求的呢？）；如果我们所企求的目标乃是要把当前的生命注入到已死掉了的过去之中，并且要把一度似乎是有朽的尘世生命重新纳入这座心灵的万圣殿之中，——那么在这里我们就遇到了另一种我们不可能认为是与我们自己相似的成分，于是那种兴趣便不存在了，鼓舞了我们的希望与目标就消逝了，而努力也就挫折了。回忆我们的童年和青年乃是最甜美不过的乐趣，因为它带给了我们自己切身的感受，那既是我们自身而又是另一个人；而无法认识到我们往昔的生活或者是不可能对它感兴趣，对于遭受到这一点的人们来说则是最残酷的异化之最可悲的苦痛了。

八 历史的进步

在哪种意义上历史学是科学？

但是,再重申一遍:如果历史的结论乃是或然,那么它们就要服从类比。① 随后,我们就必须追问:它们是否也曾不仅只是或然的呢？

对于这个问题(2),我们的答案是否定的。假如不仅只是或然的,它们就必须是科学的,它们就会等于我们批判观察的结果；而正如我们已经看到的,为此就必须既有立足点的认同,还要有对充分的完整性与精确性的保证。

对此,历史证件的性质便遇到了不可逾越的障碍。

首先,(A)我们必须记得历史证件不仅只是对于历史学的,而且还是在历史之中的。附加上的这一点,就防止了我们的心灵之认同于见证者的心灵。因为历史（Ⅰ）(我们假设它)是进步的,那进步不仅是在其数量增长的意义上,而且还在其本身就是在发展着的和演化着的意义上,它在其性质不同的各个成长阶段彼此之间的不同乃至于更有甚于繁花怒放之不同于蓓蕾和果实之不同于繁花怒放,然而在本质上却又是同一样的。

假如蓓蕾是自觉的,它就会认识它自己,但不是在繁花似锦所知道它的那种方式上,更不是在果实累累所知道它的那种方式上；

---

① 关于这一点见附录,注 C。

而且既然不能知道真相,所以它那知识就必须认为是虚假的。①

对于历史学而言,情形就更加是如此。其本身的分化仅只是作为一种统合的手段。而且它把自己仅只结合于与一种更加充分的结果相统一的那场永无休止的历程之中;对于人文的前一个阶段的意识永远都不是对于尔后发展的意识。当与实现了更加深入的时代加以比较时,它对于其自身的认识便是片面的和虚假的了。而当我们反思历史的存在就是为了这场最高的发展时,我们便看得出当目前希望能在过去的心灵里发现当前的见解和信念时,那就注定了只能是一种沦于失望的希望。

假如演化的各个阶段在本质上乃是分歧不同的,那么历史的可能性便是不可思议的;而假如历史是人世现象的一场展现,其中除了偶然之外便简单地都是雷同,那么它所激发的情怀便一点也不会高出于我们对于一本通俗小说所感到的兴趣了。

再进一步说,——不仅人性是进步的,而且(Ⅱ)可以这样说,历史学所涉及的乃是人文之中最富有人性的那部分,因而是最充分富有进步性的那部分。自觉的功业和受难、本能的产物和人们与国家的不自觉的命运,大抵都是和某个时代的特色生活联系在一起的;而正是时代和一个特殊时代的孩子们才是历史学所关注的唯一过去。

而且不仅只是历史内容在前进,也不仅只是历史学选择了对进步影响最大的那些因素;第三(Ⅲ)还有在这一领域之中,它那关怀就把它引到了以往阶段最为显著的成就上面去,并非是那些具有时限性的社会关系,而是最动人心弦的、划时代的(或者说,总而言之是)个人。

正由于关注就是如此,所以所关注的主题也是如此。历史的

---

① 这种解说只是假借的。

八 历史的进步

见证者也是他那个时代的产儿。而且最是背负着历史烙印的,便是他那心灵就成为分享着其性质的一面镜子之中的时代反映。正是这样,当他叙述各种现象时的观点与我们观点不一样时,其本身也不会是不一样的。

对于科学而言,一个时代所观察到的,的确对于另一个时代的结论也是有效的,而且还可以补充说,哪怕或许并不存在现成的类比。我们并不怀疑"催眠术"的各种事实是可以由简单的科学验证加以证明的;并且各种天文观测也被人认作是事实而加以接受,而且即使是它们没有任何类比可以支持的话,也毫无疑义地会是如此。当然,这一点的原因乃是我们可以如此之重新建构观察者以及观察的条件,从而使我们自己能够全盘掌握他们的能力并且运用它们就像是我们自己的一样。而这一点的可能就在于科学进行抽象化作用的这一事实。它并不考虑所有的现象,而只是其中的一个个别而有限的分支,并且可以说它所加以使用的并不是观察者的全部意识,而只是其中的一部分。

科学的客体并不把它自己转化成为一场无穷无尽的行程,而科学的主体则可以使自己脱离历史心智的具体发展而实际上却又可以始终是同一个样,虽则一般地同时都存在着不同的立场。但这一点对于历史学则是不可能的。

不仅是我们自己未能使自己以掌握科学证明的那种方式来使自己掌握历史的见证;而且其次(B)哪怕情形是如此,要重行建构特殊的观察也是全然不可能的事。

因为历史的原始事实乃是(Ⅰ)一桩当其一出现的时候就消逝了的事件。它消逝之后就永远不可能再召唤回来了。它是不可能重演的,而且我们也无力去重演它。并且此外(Ⅱ)我们又不可能预期它。

我们对于它的来临可以是茫然无知的;而且假如我们预感到

了它,然而把我们自身置诸于合适的地位也可能是我们无能为力的;或者说,即使是把我们置身于当时和当地,但是事实对于某种观察来说却是太复杂了。你要想定位就必须是孑然孤立;而这里你又怎么可能孑然孤立呢?

而且即使赋予你孑然独立并定位的能力,然而你所知道的也往往并非是要点所在。决定一项复杂运动的契机,其显而易见乃是当其趋势被确定了的时候,而这时候就我们对当前的认识已经太晚而言,我们便要惋惜自己对于过去的无知了。

并且这里还有(Ⅲ)另一项考虑,它(比起判断型来)更加进一步地削弱了历史证件的整体。除了同时代的证件有可能的例外,历史学家是不可能反复审查他的那些证据的。他可以由于对证词进行批判的分析(对于其各个部分而言,作为一个整体)和对于各个部分彼此之间的相互关系以及进一步与其他的陈述进行比较,而在一定程度上弥补这一缺欠。然而他的操作终究不外是一种可怜的代替品,是其弱点的一个永恒的根源。

科学的历史证明的方式之所以行不通的障碍就在于此。它们那种思路的结果便是这样一点:哪怕历史学家能成功地表现出立场一致的话,然而进一步的重建却永远不足以使他超越纯属或然性的范围之外;因此,既然一种或然的结论必须有赖于类比,所以非类比就永远要被排除在历史见证的领域之外了。

我们相信,这一结论只不过是历史学最佳实践的最佳理论表现而已;而且当传统中只有唯一一桩所假想的事件,而现有的经验又无从提供类比,它又始终未受到批判的质疑时,那么这时、而且只是到了这时才有必要质问这样一种事态是何以能够出现的,并且试图以之与我们此时已经提出了的并力图加以辩护的那种学说相调和。

这一学说在各个方面都与怀疑主义的学说相反。为我们的研究所开放的当前经验其范围是如此之广阔,其多方面的细节又是如此之无比丰富,以至于期待着过去的某一桩事是目前没有一桩可以与之相应的,便很可以看做是夸大其词了。再以我们现有的历史证据而论,我认为不会有什么人详加考虑之后会认为上述的结论是强加于事实之上的或者是被扭曲为超乎事实之外的,或者是这一观点会使得他们不可能普遍地加以采用的。

但是,会有人争辩说,现有的历史见证并不是历史证件的公正样品,可能有的或者已经有的并不意味着就是应有的,而是事先就已经确定了结论,然后把某一条款强塞进去适应它。这一点在任何情况下都还不曾发生过;但是假如历史的证件被用之于一种更为广泛的意义上,而上述的结论又无法应用的话,那么它就完全是真的了。

历史学或许是要概括一切存在、要发现一切现象的规律的一门科学。如果是这样,那么历史的证据就不仅可以是、而且还必须是科学的;于是除非是科学的证据而外,就没有任何东西有权被称之为历史的。但是在一个我们所发现的一切存在都是如此之难以理解的世界里,似乎要反思什么才算是存在都是一件多余的事;然而要思索一种纯属无需计较的可能性(或者也许是不可能性),我以为就全然不是一桩合乎法理的程序了。

然而让我们假设历史学确实是一门科学,而且首先有一件事是明白无误的,即现有的大量历史证件都是不科学的,而且几乎是(如果不都是的话)毫无一点价值的。所以就必须进行必要的科学的鉴定。

"(当然我们会被告知)已经得出结果了,而且是根据统计数字。"但是要看出各个特殊社会各种因素相互作用的各种关系,或者乃至是要总结出规律来——那显然在一切社会里大抵都或多或少是正确的——是一回事。而要发现静态之中各种永恒的关系又是另一回事；而且如果历史是静态的（假如我们能说，它过去是而且永远都是），在那种情况下历史这门科学就会有一种远为简单得多的希望前景了。但是要从事发现可以"解释"一场无穷无尽的演化之种种变化的永恒规律，——它对于我们仅只在于它造就了它自身，而且它的每一个阶段都是一个有机体在本质上的新生，而不仅是一个有机单元在一种新的组合之中重复它那低级的发展并且以其自身所特有的性质在表明它的成分而已；——那便是另一种全然不同的工作了。假如对一个人的个性发展的"解释"，在每种情况下都预设了它所达到的结果，而终于未能"解说"成其为个体的任何东西，——那么它对于我们就必定成为一桩更加徒劳无功的尝试了，因为在我们前面并不会有结果的，我们纯属童骏，所见到的和所知道的只不过是人文史的童年，以此而来"解释"它那生命的未来并且得出了其特性演化的规律，经历由青年至成年并由成年至老年的一系列连续的个性化历程。要以这种方式来把握进步之"必然性的那条红线"，肯定是不可能的；而"各种趋势的科学"虽则是一个可爱的名词，但听起来却要比"各种意图的科学"好不了多少。

而且假如这种有关进步的科学其本身要成为可能的话，然而一切事情当其发生的时候又都被记录了下来作为重大的事实，那么它本身马上就成为了一种新的障碍。根本性的各项事实乃是运动的决定性的因素，并且是达成新目的的手段；但是要领会手段就包含着对目的的认识，要认识根本性的运动就包含着对于终点的知识。然而因为我们被局限于一个有限的阶段，其高度是超出了我们的目光之上的（我们知道我们究竟是什么）；于是所留下给我们的就无非或者是掌握全盘的局势（而这是不可能的），否则就冒着危险临头记录下来所有各种有关紧要的事实，从而对于有关进步的科学便是毫无用处的。这一点是常识了：即过去已经记录了

八 历史的进步

太多我们很可以不要的东西,而我们极其想要知道的东西又太少了。难道经常不都是这样的吗?我们认为1870年和1871年那些重要的现象或许已经错过了我们精细的观察,而对于1971年的历史学家的兴趣而言,1971年可能另有其他的事件成为争论的主题,而其他那些有关进步的心目之中与进步最为有关的事件,我们却简直毫无观念。

已经谈过了这么多,——然而如果毕竟确实可能有历史证据的话(这一点不仅是或是可能而已),它必定也处于我们的结论之外而且破坏了我们的结论;而且当然还能够向我们保证非类比的种种事实,因为它具有的力量是足以成为一种科学定律的有效证据的。

九　结　论

历史学是批判

我们已经结束了我们主题的第一部分,而且远远是最大的部分,我们已经发现了批判历史学家的原则,现在就必须来看一下它对于现有证词的应用。但是让我们简略地重述一下我们目前的结果。

我们到现在为止,已经看到了历史学乃是一种推论的东西,而每一项推论都是奠定在一种前提假设之上的,并且这一前提假设是由当前的经验所形成的。我们还进一步表明了,尽管这种经验在它是我们当下就可以向我们自己证实的经验那种意义上,并非总是个人的,然而在它终究是要依赖我们头脑的观察和判断那种意义上,却是个人的。我们已经表明了,它是当前的,——并不是在与这一或那一时刻相联系的意义上,而是在它并不属于任何具体的时刻的意义上。我们已经表明了,这种特性是仅只属于科学验证的,因此历史资料就必须服从于类比;而这一区别曾是我们所力图加以强调和捍卫的。

批判这时候就被留下来面对着材料了,它掌握着并感受到有重新创造出它们来的那种使命和力量。而这一点可以看做是一种人为的立场,——就批判者个人永远不能使自己真正脱离历史知识的整体,而是照例要给他的著作带进来已经被合理化了的并已成为他目前批判世界的构件的传统对象的一部分而言。而这种对他那结果的明显的预期,在个人身上却并不是毫无道理的,假若他作为一种信条所带给批判的东西,其本身就已经是面对着批判,并且是被批判的本性所加以合理化了的话,——也就是说,从一种在本质上与批判者本人相同的批判观点已经被定论为是确凿的事实的话。因为真正的世界是继续在成长着的,当一部分历史被肯定为真实的时候,它就立刻成为了使其余部分真实化的一种手段。当我们仅看到个人的时候,批判与它的材料完全相脱离看来就是(而且也的确是)人为的;但是只要当我们考虑到批判本身的过程时,它就远非如此了。

历史学,就历史批判的特性而言,乃是把它的内容看做是处于其自身之外的,而它的任务就是要再度把它们纳入其自身之内。但是这种内容的本性,却对这一点形成了一道障碍。它的内容乃是种种记录,它们在两重方式上有权被人看做是真实的事实而加以接受;首先是作为某一个特殊时代和作家的记录,其次则是以其被记录了下来的事件的身份。如果它的全体都被发现是完全经过了调处的,服从于当前经验的各种条件并且是根据对当前经验的类比,如果所叙述的事件本身是一贯的、可能的,而且是遵循着在某种程度上为我们所知的因果序列的,而且还更进一步,如果这些作家们的时日和普遍的可信性是由一串令人满意的推论所确定了的,——那么在这种情况下,批判的面前就没有任何任务了,有的就只是在它自身的保证之下所来证实并重行肯定原来形态之下未经改变的材料这项工作了。

但是,这样一种假想的事物状态,是多么地遥远而又多么全然地脱离现实,就不需要再说了。它并不存在;而历史学这种东西在其中所产生出来的方式,也并不允许它可能存在。假如每一种记载都是可靠的和信得过的,假如在人类进步的发展中,一系列分散着的见证人的判断都是确实无误的,而且不加修改就可以构成为一个和谐连贯的整体;那倒会确实是奇怪了。没有人现在会胆敢

九 结 论

说，情形就是这样；但是假如情形不是这样，那么批判要成其为批判的话，就必定在某种程度上是消极的。

大家都已经看到了那么多，但是还有一些更多的东西却不能说是都已经看到了或者是被大家所公认的；那就是这样一点：如其存在着有一种消极的标准的话，那么它由于其本性就必定是一种绝对的标准，否则便是一种自相矛盾了。对于那种从未曾上升到批判观点的高度的意识来说，"事实是顽强的东西"，而最为顽强的则是人们的心灵感到自己在其中并无缘分的那些东西，它们是以外在权威的分量而呈现于人们心灵之中的。然而，我们已经看到了这些事实都是由什么组成的；并且在我们所已经达到的这一点上，并不需要有漫长的反思来论证批判的消极性质。

批判在其本质上就不可能简单地是肯定语态。所要批判的对象已经不成其为真实的对象了；因为就批判而言，它就是批判者并且是唯一真实的东西，因此非批判的对象在其原来的老性质上和在其尚未为人肯定的新性质上就被否定了。批判如其是批判的话，从一开始就必须暂时先怀疑它面前一切事物的真实性；而且假如有某些东西是不证伪自己就无法加以肯定的话，那么这些东西就值得感谢了。如果那情形的确是：这就是他们的命运，它们是无法从批判之中脱身的，因为它们在其本质上就被卷入了而且认可了在批判之中已经意识到了其自身的那条原则，而且假如投身于批判对于他们竟然就是要被改变或者是要被消灭的话，——那么这也并不成其为谴责批判者任意胡为的理由。正是各种事实中隐含着的矛盾，在变得明显起来之后，就导致了它们自身的灭亡；而且如果它们被否定了的话，那就只是因为它们否定了它们自身。

如果对于历史学来说，事实就意味着真实的东西，而如果真实的东西就意味着被批判所肯定的东西；那么我们就不应该忘记，把任何东西说成是"历史的事实"就都纯属无稽之谈,除非是批判能够保证它是那样的。

可能有某些被公认的历史事件,它们本身既然被说成是既无历史前件又无历史后果的,因而就与历史事实这一概念相矛盾了(即与一桩事件要在历史上存在所必须具备的东西相反);于是像它们所呈现的那种状态,便是历史学甚至于无法讨论其可能性的。

也可能有某些事件,虽则它们本身出现在某些历史条件之下,却不可能根据当前的经验所进行的类比得到支持;它们尽管有证据,却必须有待于更进一步的经验。① 也可能有些事件,虽则既是可能的又是可以类比的,却没有充分的联系使之与现实相调节,并且直到它们联系在一起的时候,也还未曾合理化。最后还有一些被陈述的事实,是批判可以重行肯定为确凿的或者是或然的。我们必须问一下自己,这一历程都包括些什么。

上面已经说过,历史材料乃是两重性的,并对批判表现为两个方面,一方面是作者,另一方面是被记录的各种事件。批判必须是一方面力图尽可能地把它的意识认同于作者的意识,通过推论来确定作者的权威和他那忠实叙述的愿望;另一方面又力图在被记录的事件之中发现可以与在当前经验中和在历史中被人所观察到(就其已经被合法化了的而言)的规律相类比的规律。如果是这项工作充分完成了,那么事实在历史上就是确凿的;如果是部分地完成了,那么事实就被认为是或然的;但是在这两种情况中,它们都保持着它们原来的形态。

但是批判所这样重行确定的这些事件,并不形成一个连续的整体;这个系列呈现出的种种缺口必须由一种积极的过程来填补,

---

① 见附录,注 D。

九 结 论

这一过程乃是根据以当前的经验或以已往所获得的历史确凿性为基础的规律之一种推论式的再创造。它就是针对着我们警察局办案手续中对过去程序的结构所可能提出的任何疑难问题的一个充分的答案;在那里除了反复审查以重建证据而外,还要根据当前的数据进行积极的组合从而得出各种事件的系列。然而,历史资料在数量和质量两方面的不足,却使得要以这种方式来完成各种事件的系列成为不可能的事;而人们不断试图创造出各种原因和动机加之于公开的链索之上,则只能是导致一种过分紧张的实用主义,那是在以仅只属于作者个人意识的各种幻想和意见在填补过去。

迄今为止,批判仅仅阐述了它的材料的那一部分,它们之得以为人承认乃是因为它们被发现已经是合理的。还有其余的部分则是尚未被合理化的,换句话说,它们因为不能以其本身的形态就构成为真正对象的一部分,所以就必须认为是纯属主观的。

在这里,错误是被预先假定了的,而批判工作则是要尽可能地清除错误以恢复真相。这一程序也像以往一样,是承认一种双重的方法,即或则是由其内部或则是由其外部来重建所设想的历史事实,一方面是根据见证人的心灵特性、另一方面是根据事件的进程这两者来进行推论;当这种操作成功了的时候,事实就再次在现实世界之中就位,但它仍然是作为一桩外在的事件,只不过是新获得的并且是经过了改造的而已。

这里再次吁请人们注意如下的见解或许并非是毫无理由的题外话,我们已经屡屡以各种不同的形式遇到过它了;按照这一见解,这里以批判来消除错误的结果便是得到了"原始的事实"。但是在目前的情况中,"原始的事实"对于历史学首先就是一种错误的推论;如果说"原始的事实"仍然是指事实应该是什么,那么这对历史学来说就仍然是一种推论,是对一种理论的理论,它那结果乃是一种经过了双重蒸馏的理论。

还有一种未经合理化的材料对于历史学仍然是成其为一个问题的,那便是某些号称外在的事件可以被纳入真实的系列之中,既不加改动也不加变更地便被纳入其他的外在事件之中。但是哪怕在这种情况,批判也是无能为力的;因为,尽管被误解的外在事实不能被融入真实的外在事实之中,然而我们却仍然在处理着错误本身,而造成对一桩外在事实的这种错误提法的那些条件的展现,对于批判来说则是对所号称的事实的一种令人满意的调解,作为历史系列中的一个环节:于是外在的东西现在就有了一种存在,它确实是真实的但却是内在的存在,并且只是就其内在而言它才向我们做出了保证。

批判便以这些过程使得传统之中外化了的材料变成了我们自己的,无论是以外在出现的形式还是以内在事件的形式;但是这里却必定永远都留下一些成分是无法重行掌握的,而在许多情况中证据必须仅仅是被当作证据而已;证据的存在是历史的,但是真实的事实,或者换句话说对它的解释,却是得不出来的,因为我们并不拥有重建它所需的各种数据。

事实经过检验或许是可能的,但是在这种情况下我们却缺乏必要的推论,使它有如所检验的那样成其为历史的一部分;或者经过检验的事实在历史上也许是不可能的,在这种情况下我们就知道它永远也不可能(有如所验证的那样)成为历史的一部分。

在这两种情况中,证据都不能解释为是从被检验的东西的真实存在之中而产生的。但是有人会反驳说,我们就只好对证据另作解说了,否则的话就得接受所设想的事实。帕莱说:"证据是一种现象,而事实的真相则解决了这种想象。""证据是一种现象"——这一点是无可争议的,而作为证据它就在历史学中有其地位。"事实的真相便解决了这种现象"——这一点也同样是确凿

九 结 论

的,我们也希望我们有办法能知道这种解决之道。我们会得到答复说:"但那是假设有成为这种解决办法的、被检验过了的事实存在"。然而,这一点却全然有赖于所号称事实的性质了。要解决的现象是一种历史现象,它那解决办法就必定是一种历史的解决办法,但作为这种解决办法而提出来的一种事实(当被看做是历史时)却与历史这一概念自身相矛盾;并且无论是它本身还是其他的每一桩具体事件都和历史融合在一起,——这样一个命题确实可以给它的作者的热忱(但却很难给他的审慎)带来声誉。

然而,假如我们不能够接受这一所谓的事实,或则是因为它还没有任何保证,或则是因为它在历史上是不可能的;那么我们是不是就只好对证据的现象另做解说了呢？能不能反对我们而提出来:我们的理论本身之中就包含有与之相矛盾的事实,于是我们就必须解决这些事实,否则就要放弃这一理论呢？绝对不能,因为这就混淆了消极的不合理的东西与积极的不合理的东西。这些未经合理化而记录下来的事件,唯有当其被批判所肯定的时候,才与批判相矛盾;但是既然历史学还并不知道对象的性质,它们就不是任何积极的东西;它们还不曾有理论就垮台了;它们并不是这一体系内部所采纳的外来物,而只不过还是一种外部的、尚未被同化的原料。对于历史学来说,没有已知的东西,也还有尚未知的东西,没有真实的东西,也还有尚未实现的东西,——如其这样是一种责难的话,那么这种责难就并不难为历史学所忍受,因为它是在和人类知识的整体一起共同忍受着这种责难的。

并不如此！当人们承认了问题并做出了努力的时候,无知并不是什么可耻的事。很可能的是,在某些特殊领域里已经做过了那种努力而且并不是枉然做过了那种努力的人,却仍然由于试验和失败而可以学会或者是把一种现象①、或者也可以是把更多的现象看做是不可能解决的。这一点对于个人来说，可能是无从避免的；但是绝对地要肯定任何一种历史成分的不可解决性，那就是在冒犯批判的意识并且在加强它的敌人的立场了。从历史上，要说明一种现象或许并非总是可能的；但是我们却又总应该是力图把它的历史起源展现为各种已知历史条件的结果；而在这种意义上则它的可能的"解释"，在每种情况中就都应该认为是无可置疑的。每一种现象都有一种可能的解答，因为它之作为历史的必定是另一种历史前件的结果；而其原因则是知识的一种可能的对象，因为结果已经被认识就是由于其本性而成其为一项链索系列中的

---

① 这里在我的心目之前有着鲍尔（Baur）的《教会史》（Kirchen Geschichte）（卷 1，第 39—40 节，又第 45 节）书中的两段文字，他以一种多少不能令人满意的方式表达了自己的见解。其中有两点是清楚地表明了的。（Ⅰ）我以为鲍尔想要把任何历史事件都排除在考据的范围之外，这一点是全然不成其为问题的。他的意思就蕴涵着："凡是不属于历史研究范围之内"的，便不是一桩事件，便全然不是一桩属于批判的历史学的事实，尽管它可以是一种更高级的知识形式的一个对象。其次（Ⅱ）当在两种情况之中，精神的历程——这对鲍尔来说乃是唯一的历史事实——被分析宣布是无法究诘的，那么在这里就没有任何东西是能唤起人们任何重大的惊异的。鲍尔很可能是意味着：有些结局乃是任何"遗传学的发展"所无法说明或是说出其原因的，无论它可能是怎样地在"解说"它们；再则，过程（例如像我们在许多艺术品中所见到的）之中各种成分也是无从辨别的，因为它们是被一团烈火熔化得无法区分地混在一起了，而那本身便是一个体灵魂的新生，因此它们便不是自然成长的，而是创造出来的；如果我们喜欢称它们为奇迹，也未尝不可。我要下结论说，鲍尔还会补充说，那要比"世界历史骗子"还要现成；因为这后一个名词所设想的实际不管可以（或者是不可以）阐明多少，肯定是什么都解释不了的，而且其本身也是无法加以解说的。它是一个永远的矛盾，是一种野蛮的 siderxylon（一种热带乔木——译注）。如果这就是鲍尔心目中的一切，那么肯定地就和批判的历史学毫无冲突，只不过是过渡到了另一个更高的领域。然而有关这个领域，却全然是我们无法称道一语的领域。可是鲍尔却以这样一种方式表明自己已经使得误解尽可能充分地成为了理解，于是他就误解了。斯特劳斯（Strauss）的评论（见他的《传记》第二部，译本卷Ⅰ，页 398）在我看来似乎是根据对观点（Ⅰ）的一种误解。至于观点（Ⅱ）霍尔斯特（Holster）（见他的《论保罗与彼得的福音书》〔Zum Evangelium des Pautus und des Petrus》）前两部分已经试图以一种动人的方式尝试了鲍尔所宣扬的不可能的分析。然而我以为要想象由于这类尝试的成功或失败就会以任何方式影响到批判的原则却是一种严重的错误。这些论述或许是太冗长了；我的证词只能是一个其论述被别人所探讨的人是值得这样乃至于更甚的，假如只要他是值得那样的话。

一个组成部分的东西，它那本质是可以被人认知的。可能有些历史事件注定了就是要对我们永远都成问题的，但它们却始终是我们的问题，并且将永远都是；而它们那绝对不可解决性，如若我们好好加以考虑的话，其所涉及的就不止于是一种用词上的矛盾而已。

我们已经达到我们面前所设置的鹄的了，而我希望《批判历史学的前提假设》这个书名在某种程度上已经得到了解释和论证。在历史学的前提假设中，我的愿望曾经是在自己面前普遍性地（或者说，要把历史看作是一个整体那样）来设定一项更大的工作。这个愿望是太严肃了，是我无法完成的；但是目前所已经做过的工作之中的真理，或许是可以独立于一种更大的结果之外的。因为不管它统辖的范围是多么可怜，然而至少在它那范围之内，批判是不受任何权威的干扰或压迫的。它沿着自己的道路行进，而不必顾及警告，不必顾及喧嚣，不必顾及它的领域之外有什么可以是、或者自称是宗教或哲学的东西；它的哲学和它的宗教乃是它自身的实现和成果；而它的信仰则是，在它忠于它自身的时候，它在真理方面永远都找不到任何一个敌人。

附　录

注　A

  如果我们希望自己亲眼看到历史学家的资料和工作的话,我们就必须想象一幅表现出历代人物与事迹之连续不断的进程的一幅壁画。而这并非是某一位艺术家的作品。相反地,它们乃是许多世代的许多位艺术家,有时候单单是画面上的某一部分就不只是一位画家的。然而尽管画家有许多位,他们却并非终生都是画家。因为他们有些人生活在他们所描绘的人物已经去世了之后。这些人中间有些有名有姓的人物告诉我们说,他们曾借鉴于现在已经遗失了的摹本,而对另外有的人则我们就连这一点都不知道;还有些人我们可以看得出他们的乃是摹本,而且还摹错了,所根据的乃是我们目前还保有的原作。

  所以壁画并不简单,也绝不是一幅作品;而是其中的某些部分代表着某些时代,对于同一个人物我们有着许多不同的画像,它们都宣称是活人的摹本,可是另有几个世代的间隔却根本就没有任何画像号称是原始的,取而代之的乃是多年以后某位艺术家的绘画,他只不过是根据别人的描绘在勾画而已,假如我们尽可能地加以相信的话。而在某些情况下,也可能有这样的一位二流的艺术家,但是在其他的领域也可能有两个、三个或者更多的艺术家;而他们却可能彼此并不一致。

这还不是一切,——我们不仅发现了在某些地方不同的原始画家各有不同,而在其他地方,二流的艺术家们也有歧异;但是随着时间的推移,尔后的画家们却都同意这一点,即绘画必须是真实情况的写照;然而为他们所不同意的真实情景,大家都拥有自己面前的那幅画面,而且大家彼此一样。并且大家都希望能有最初始的那一幅,他们便都修改了原来的形象或者是篡改过了的形象,并且重塑了或者是把它们改动成为他认为必定是真实的生活那种样子。

而这些艺术家们的修改,其本身又被与他们同时或后来的人加以修改;于是乍看起来,对于一个粗心大意的眼光来说就只看到了改动而不是它那下面的东西。然而对于一个细心钻研的人来说,满幅的杂乱无章是显而易见的;那些号称是原创的绘画,那些根本就未存在过的这类绘画的形象,而且除此之外与之上还有那些艺术家们无休无止的种种修改、组合和再组合。

但是这一大堆都是绘画,而绘画表现的是原状。全世界现代人都是这么说,但却又补充说:"我们不能够看到原状,艺术家们便必须为我们做画来向我们表现当时的人们的样子。目前的绘画肯定是真实人物的摹本,是他们按自己的样子被描绘了下来的;我们决不可改动他们,但我们必须观赏他们。根据他们来塑造出一幅肖像。"

这话有意义吗?抑或只是废话。新的图画乃是要成其为现实的一个摹本,否则的话,它就不成其为绘画了;但是现实却并不存在,所以也就不可能被摹绘。答案则将是:"谁想到要摹绘它?""我们已经有了壁画的摹本了。"然则当你只需要一张照片的时候,为什么还要请来一位艺术家呢?或者不如说,究竟为什么要模拟呢?假如你有一份摹本已经在你的面前,再来复制它,对你又可能有什么意思呢？"但是艺术家并不单纯是仿造。当然他不是要更改,更不是要创造,但是他必须把零碎的材料搜集起来。"然而假如他摹绘了各种不同的表现,并且把所搜集到的都纳入到单独一幅画面里,无论它是否全然符合,——不管他可以引证什么前例,他还是无法禁止我们去追问:这就是一幅画吗？一幅画表现的是真实,而真实只有一个,而且是自相一致的;然而这里的真实形象却是多种多样而且不相一致的,唯有那幅框架才是一个。

"你没有理解我们。艺术家乃是要使用壁画颜料创造出一幅图画来;而且因为现实只有一个,所以图画也会是一个;这样便回应了现实。"但是现实仅只是通过图画才为人所知的。而图画不止于一个,也不是自相一致的。假如你知道真相的本身只有一个,你知道它是脱离于图画之外的,而且与图画无关;并且你又知道真相是什么,但画面并不是真相,你又怎么知道画面所表现的就不可能是真相的写照呢？因为你既知道原状又知道摹本,而且你以两者一起加以比较。

答案将会是:"那部分是真的,部分是假的。""认为我们脱离了壁画之外也可以知道过去的一切,那会是荒谬的;因此之故真理不可能是被发明出来的,而只能是被模拟下来的,而过去又消逝得使我们的所有就只是对它的摹本了。但是我们知道凡是真实的必定是自相一致的,因为我们都能看到这一点"。

除非是在壁画上。"是的。但那是因为各个不同的方面和部分都太零散了;把它们放在一起,它们就会表现出真相来,但却仍然是一个摹本。"

这是艺术家想象中的工作。除了根据壁画而外,他便无从知道原状;然而他却须知道原件是同质的,而壁画则确实异质的。可是,这并不是一种一以贯之的理论。让我们来看实践,让我们来看画家在工作。

他发现了在许多地方,他的材料都处于一种完全矛盾的状态。他发现或许是 A 杀了 B 而娶了他的妻子,也或许是 B 杀害了 A 而娶了他的妻子,于是他就着手纠正或者"协调"后代的艺术家们或者是使之合理化,其中有些人同时代表着这两种事态,而大多数人则进行重组或纠正或简化。

艺术家有着他自己的秩序。他是在作一幅画或若干系列的画,而他一定不可加以改变。当然,他事实上也必须并且确实是在改动;但是让我们设想他在遵守着自己的教诫。于是他就无能为力,或者不如说宁可回到他的恩主们那里通告他们说,他们的任务乃是全然不可能的。①

于是他们就被迫进行反思,于是他们或许就明白,正是因为壁画并不是真实的一个摹本,所以才感到需要有一幅画像;于是很可能他们就终于同意需改换材料。但是他们并没有问自己这个问题:"图画是一个摹本吗?"而且他们也并不疑问:"假如我们并不知道原件,那么赝品那种虚拟的真相,又有哪一点能被否认呢?"

他们以其对原件的知识的否定结合着他们之肯定画面乃是对那个原来面貌的一副伪劣的仿制品,于是他们思考的结局便是这样的:仿制品乃是一份伪冒的仿制品,因为它不是单纯的仿制品;而且它不是单纯的仿制品乃是因为它并不曾被仿制,因为它不是得自于生活,而是被篡改而重构出来的。

但是我们又怎么知道什么是仿制品呢?"这并不难,如果我们知道它是被仿制的,我们便知道它了。"而我们在世上又如何说明这一点呢?"我们肯定它,是因为这些画都是当代的。"然而这些号称是原来的绘画并不囊括壁画的全部领域,而且哪怕我们发现有正在

---

① 按,近代早期贵族们的盛会,往往由画家们摹拟作画以为纪念。画家们不止一人,画面并非出自一人一时之手。——译注

审查之中的那些，也有一些其风格是属于更晚的时代的，而在这种情况我们就要怀疑签名的真实性了。难道这些也都是仿制品么？

"不，并不是这些，假如你能表明是这样的话，然而目击者的绘画却也重现了真实。"

这一点乍看起来似乎是某种更加明白的事情；但是实际上我们却仍然被种种困难在纠缠着。首先是号称原本的绘画在壁画的空间上留有很大的空隙；其次是我们在每个场合都必须要确定这幅画是否确实是同时代的真品，而在这一点上我们目前还没有评判的标准；第三是我们发现那些全都同样地被认为是对现实的摹本的绘画，彼此之间却处于无法调和的冲突之中。

我们还被其他的说法给难倒了。我们被告诫说："当然，画家是同时代的人，这一点却是不够的；他还必须愿意而且还必须能够精确地进行复制，而他的相对价值则须由研究和鉴定而得出。"

然则根据什么来研究呢？根据颜料？还是颜料以外的其他什么？

"肯定你必须不可把自己的注意放在颜料上。你的四周都在进行绘画。你能够看到什么是一个忠实的模仿者和一个能干的模仿者的各种标志。你必须把这些都运用到彩色壁画上面来，于是就将由于发现艺术家在什么地方偏离了正确的风格而得出真相。至于作品的真实可靠性，你应该通过观察而认识到忠实的模仿者的标志以及编造者和作伪者的标志。"

那么画家应该忠实，这还不够么？

"不够，因为他可能很笨拙，从而两个诚实的画家就可以画出两幅相互矛盾的版本。他还必须是能干的，你必须根据他作品的特点来判断这一点。如果他是诚恳而又能干，他的作品就会是忠实的而又自然的。"

但是要及时考虑到艺术家的东家原有的地位，并把这一点置于他们当前命令的旁边。起初壁画上的人物都是毫不犹豫、不加篡改被复制出来的。然而现在在复制品的面前我们就要问:这是真的吗?这是自然的吗?我们在艺术家的身旁有一幅正确的样品吗?我们有一幅真正的写实可以供他模仿吗?而我们发现我们无法问我们自己这些问题,直到我们知道了一个自然的形象是什么意思,以及什么才是这样一个形象的忠实构图。一切都取决于我们对于这一点的认识以及我们要到哪里去获得信息。这里没有其他可能的答案,仅此一个。为了我们对于真实客体的认识,就要请教经验、请教当前的原型,为了我们对于风格与绘画的特征的知识以及它们与所表现的对象的特殊关系,就要请教当今艺术家们重塑它们时的各种不同的方式。

于是就发生了这个问题:艺术家在制作他的图画时,是在更改呢、还是在纠正壁画呢?他是单纯地要找出壁画有哪些部分可以说是优秀艺术家的绘画,还是他有兴致再来修改或者是重新组合各种形态或人物或群体呢?

在这里,雇主们就做出了最后的裁决。他们说:"以今天的世界为准来改变画面,——这是荒唐的。你们只需简单地根据当前来创造一个过去,况且你们也无法说明过去在本质上是不同的。"

而就在这一点上,艺术家,——如果他是一个聪明的艺术家的话——也会不肯屈服的。他将要说:"如果我能做到我想要做到的一些,你也希望的,应该也做得到。但问题并不是你所愿望的有多少,而是我能够为你做到多少。你希望能看到真实;但是我知道除了我现在亲身所看见和所研究的而外,并没有真实。你要求真理,但我除了与我的这个世界构图相一致而外,并不知道任何真理。你希望消除错误,但除非是脱离这个生命而外,我可并不知道什么错误,正如目前在经历了苦痛的牺牲之后我所见到的它那样。我要寻找错误的原因吗?但是除了根据艺术家们作品的经验而外,我又怎么会知道它们呢？我把它们与现实进行比较，从而研究了它们不同的风格及其对真理的各不相同的折射。于是就得出了这一点：我所有的真实只是这一点，你们也必定有它，不然便一无所有。很可能，事物在过去并不是这样的，我也不免，我并没有生活在当时。假如你反对把过去掺和到现在，你就不可能从我这里得到任何东西。"

"我并不创造一个像是现在一样的过去。我见到过许多现实的类型以及许多抄袭那种现实的风格。我并不说，因为我从来没有见过像是那样的一只手臂或一个鼻子，所以它便不是那样的；但是我确实说，如果有任何容貌、形象或姿态既不像任何我所见过的，也不像我所观察到得风度的进一步表现，那么我就决不会把它画成是那样子，或者是赞同任何人那样地画它。"

"而且我必须告诉你，确实是并不存在抄袭。每个人都有自己的风格，而且是不可避免的。我有我自己的，可是我已经尽我最大的努力，使之符合于真正的东西了。或许我已经失败了。你必须接受我，否则就开销我。

"但是，你切不可认为，我是要发明什么。我有壁画作为我的材料。根据我对现实的知识，我往往可以根据一部分说出另一部分是什么，并且从而就构造出来整体。根据我对劣等图画的知识，我往往可以说得出来是什么使得它那风格恶劣，形象受到歪曲，并且可以从而恢复原貌。

"我不能为你效劳过多，我可以恢复许多，并且清除很多。但是我的贡献就是要反复告诉你，我是无能为力的。更多的经验可能是有裨益的，但是可惜其结果可能毕竟是一个我们所最希望看到其真面目的人，而我们却找不到有一个是相像的；而且在清除了各种恶意的作态和歪曲之后，剩下来的便只是它那微弱而又毫无光彩的轮廓，在他的心灵里'世界的破碎心灵'可能又复活了。"

注 B

本文的论点就为我们提供了判断这一格言的一个方法：*Quod ubique, quod omnibus, … verum est.*（"凡是到处皆然的，……便是真理。"）

现在有没有最微小的理由可以假设，仅只因为有一种现象或一组现象是被各个时代的作者们所肯定的，所以这些现象就是真正的事实呢？这一推论的根据是什么呢？它不可能是大家一致的同意；假如有一种信仰比起任何其他的都流传得更广，而他那信仰是超自然的显灵、巫术和魔法的真实性，而现在受过教育的人照例是会拒绝这类信仰的。

问题就在于此：为什么不断被肯定的事实就成为了信仰的理由？那并不是因为见证人的数量就排除了错误，——在这类情况中人数是毫无价值的。那是因为同一项观察有着各种显然不同的立场同时存在，这就成为了论断其观察的基本性质的根据。各种不同的观点相互抵销，于是它们之间歧异的抵销一般地就提供了某种推定，即残余的部分——那是构成其为观察的东西——便是为大家（因此也是为我们）所公认的，总之它是根据我们自己的观点而得到的一种观察。这种推论当然可以被、也可以不被认定。

这类证据是否可以被看做不仅是或然的，或者在科学上是有效的，——这个问题与我们此处无关。因为在任何情况，证据都不会是历史的，因为它绝不会表明某个时刻的个别事件；它永远不能构成为一项个别的观察，而只会是某类现象的现实之一种普遍的结论。

注 C

除非历史证据的材料在其全部的细节上都服从于类比,否则的话这几页的主要论据就不能成立了,而且我承认我认可的那部分论点乃是最微弱的。我要陈述我认为是反对它的那种反对意见,然后就试图表明那种反对意见并不真正有效,并且还要更为充分地阐明本文所采取的立场。

可以说:"它所要说的只不过是这一点。我们有证据,而且我们有或然性。证据是科学的,是一种理论的确凿性;或然性不是科学的,但它可以是一种实际上的确凿性。我们承认或然性必须有赖于类比;但是我们全然否认或然的和类似的这两个词是可以互换的,因此之故,非类比的就意味着非或然的。"

"类比①能把我们引到非类比的事物上面吗?是的。那只是在文字的结合方面有任何悖论的地方。真正的悖论乃是把或然认同于类比,从而就被迫要断言绝没有非类比的科学事实可能是或然的。

"如果我们向自己肯定某一个探求者的立场和我们的一样,我们就可以接受他所认为或然的乃是或然的,而无须根据我们自己个人的经验加以特别的类比。或者是接受他已经证明为确凿的事实,我们自己也可以由推论而得出一种既新颖而又非类比的或然事实。在科学的领域,像这类的结果必须认为是或然的。

---

① 我始终把"类比"一词用在它通常的意义上,这就防止了我们把此词用之于个人观察的事项上。但是如果我们更加仔细地观察,我们也使用可以认为是类比的推论来扩充我们的经验。在观察一种全新的事实时,事实的各个部分就被归入某些已知的项目之下而纳入我们的脑中。假如不是这样,我们就全然无法观察事实了,因为它就不会和我们的思想发生关系。这一过程可以不确切地称之为"类比"。事实作为一个整体,当然是不能这样加以叙述的。那就需要以心灵的一种综合行为而使之成为一个客体了。

"再者,在科学上我无法确定观察者的准确立场;然而我可以把他认为是确切的事实认为至少是具有或然性的,而这些事实也并非〔是〕服从类比的。

"现在就转到历史学上来,假如我部分地使自己掌握有见证人的意识,为什么我就不可以认为他的事实——撇开类比而言——肯定地是或然的呢?你要反驳我,就必须认定我不可能根据片面的认证而得出或然的证明来。而这一点你就咬定了是事实。

"而且假如我的结论是或然的,而且假如历史并不逾越出或然性的范围之外,那么为什么我的结论就要除外,而其他并非是更好的却被认可呢?

"谈了那么多的事实了,现在就来谈推理。类比不是要肯定非类比的事情吗?这是再也容易不过的了。你从你个人的经验出发,你用类比来论证在非类比的见证方面或许能得到一种正确的意识。你得到了有关一个人的事实,他那证据哪怕不用类比也或许是正确的;于是你就 en bloc〔整体上〕接受了他的证词作为是有可能的,尽管在细节上并没有任何类比上的依据。至于个别的各项事实,你并没有什么类似的东西,但是你有着包括了它们在内的主要事实;而这一主要的事实是基于类比之上的,并使得它的细节从而才有可能的。

"(而且简单说来,历史上可以假设有一些事件,尽管与我们对神明的观念并不矛盾,却可以包含某些属性是从我所具有的观念和经验之中得不出来的。可是根据证据,我却不得不相信这些属性,除非是另有其他的排斥了它们,而何以历史学就不能以部分地认同目击者的意识而或者有可能证明它们呢?)"

以上的反驳便是如此。其中很少有我们不能接受的东西,除了是把它特别应用于历史学而外。

这里的问题如下。让我们假设过去有一个人,他的观点和我们自己的相同。让我们设想他见证了一桩历史事件,而且还是一桩非类比的事件。他的证词是不科学的,因为我们无法向我们自己确定他的观察的条件。然而他的证词等于是一份高度的科学或然性。这种情况肯定是可以想象的。于是问题便出现了:对于科学是充分或然的事,对于历史学就确实是并不或然了吗?

我要回答说,我并不否认或然率的单纯数量。我承认所讨论的情况实际上可能要比大多数的事件——要比我认为构成为历史的全部(假如你也同意的话)——有着更大的或然性;然而我却要说,我决不会承认一桩事件是历史的,除非是根据与当前的对比。

我们必须做出一种分辨。就科学而言,是有证明的,而且也是有或然性的;很容易只有某些不确定的事实,以及或然的但未经证实的事实,还有或然的但未经证实的假说;但是对于科学而言,并没有所谓或然性的结论这样一种东西。科学的结论被认为是确凿的,当科学对其自身是真诚的时候,是决不会缺少任何充分的证明的。科学承认理论上的或然性,但绝非道德上的或然性;而且它也不能做到这一点,因为实践上的或然性就可以等于确凿性。

历史学的结论决不是被证明的:它们首先是理论上的或然性;其次它们还不止于此,它们乃是道德上的确凿性。在历史学中,一切结论都是道德上的确凿性;但是由于历史学不是实践的,它的结论必定是理论性的,因为尽管是或然的,却仍然被当作是理论的确凿性而被人接受。

一种理论的确凿性必须被人认为是确凿的,也就是说不仅是一种或然的结论而已。那么在三种事情之中就有一种是必须做到的。我们必须习惯性地考虑历史事件或者是(Ⅰ)在理论上是或然的,而那就意味着是不确切的;或者是(Ⅱ)在道德上是确切的,无论是有没有类比;或者是(Ⅲ)唯有当其获得类比的支持时,在道德上才是确切的。

第一条（Ⅰ）只不过是意味着你没有一点历史学。就历史学而言，你必须掌握有事实，你必须有某些东西是你信得过的，并且可以说"它就是这样的"。你的心灵就必须觉得自己是在过去之中安了家；而当过去表现为一份掂起来是很可疑的或然性的礼品时，那是行不通的。在这里，历史就成了一个毫无意义的词，然而历史却必定总是要有的，不管它是不是一场幻景，至少我们认为它并不是。

如果历史存在的话，它就绝不只是不确定而已。我们就过渡到第二个问题（Ⅱ）并且要问历史是要被认为（在道德上）在理论上是确切的吗？而且与类比无关吗？历史的秩序在这里乃是被人认为是真实的一种假说或理论。让我们脱离目前的科学类比来思考一下去接受历史学中的一个结论作为是真理的结果。

这个结论并不是科学的，因为它不是被证明的而仅只是或然的。就科学而言，事实和根据事实的各种结论却不能认为就是真实；然而就历史学而言，这些同样的事实就是确凿的。这就意味着什么是真的、什么是你所相信的、什么是事实、什么是确实发生过的，同时也就有什么不是真的，是信不过的，还并不是事实，不能说是曾经发生过的。这种冲突是不可避免的，因为事实乃是双方的性质都是同样的。理论家当然可以坚持这些区别，而且可以决不忘记这些救命的词句；但是对于实践的历史学家或是科学界的人士而言，这简直是不可能的。历史学的全部关注就在于获得一个真相、一个事实；当时正如现在，现在正如当时。人们就必须采取这一条或哪一条路线。要么反对科学的良心，抛弃科学，历史的真相就必须成为科学的真相；而那就意味着非类比的各种假说和传说中的各种事实都必须是纳入科学作为是经过验证了的确凿事实，而其后果则蔓延到各个方向，对每一次的新发现都引爆一场冲突——或者否则的话，便以科学的证据作为标准（而这肯定是更好的选择），而历史的验证则彻底地在所有它的细节上都须服从于根据它而得出的类比。这乃是历史学的真正关注,亦即要发现它在其他方面都知道些什么。就在这里,这种方法而且唯有这种方法才能避免真理对真理的斗争或现实对现实的斗争,——而那对于满怀困扰的心灵的统一性来说,乃是一种无法容忍的冲击。因此第三条道路(Ⅲ)乃是可以挽救我们得以免于历史学上的怀疑主义或者是轻信科学的唯一出路。它是通向实践的批判的一条通道;而这就是对不仅是有一种充分的或然性之前论证悬疑判断的方法了。然而,判断的悬疑也就被排除在历史学之外了。

尽管这种说法由来已久,却还有两点是值得我们注意的。第一点只不过是根据法律程序的一种说明。让我们设想有一宗刑事案件;要证明罪犯是有罪的这一论点,被证明了的事实就必须认为是真实的,尽管法官和陪审团都清楚并没有类似的情形。作为一个对于法律无知的人在发言,我要斗胆认为并没有什么一般的证据给犯人定罪。那还需要有科学的见证;并且假如他们的证词不止以扩大陪审团和法官的经验的话,我看不出怎么能得出一个结论。然而尽管法律照例是强于历史的证据,法律在某一方面仍然是弱于历史结论的。一份判决书乃是特殊的一些人对于一桩特殊案件的意见。历史上的一桩事件乃是一桩过去的现实。这一不同出自于关注的不同。

第二点则是看来历史学的实践似乎有着一种不一贯性。或然率其本身是不会计入历史学之内的,然而它却被用来作为一种类比的基础,以便把传说加以理论化而成为一桩历史事实。例如对过去时代进行诬蔑的或然性的证据(那在缺乏当前的类比时,是不会证明为历史事实的),如其有过的话,或许会被某些人用来论证历史上肯定有过这种污点存在。我们必须怀疑这种方法是不是批判的,但是作为表明历史学的关怀,它却是重要的,它是根据现在在塑造过去,并对它而言当前的或然性立即成为了一种信条,就只因为它就在当前。

注 D

但是认为由于在某个时刻考察一桩历史学事件时并未得到批判的证实,所以批判就永远不能证实它;这样的假设就会是一桩严重的错误了。这里有几桩相反的例证。

希罗多德记述了环非洲的航行(TD,42),却不相信它,因为其中包含了一桩事实在他看来是难以置信的,因为那在天文界(在他认为)是全然缺乏类比的。ἔλεγου ἐμοὶ μὲν οὐ πιστά, ἀλλῳ δὲ δή τεῳ, ὡς περιπλώουτες τὴν Λιβύην τὸν ἡλιον ἔσχου ἐς τὰ δεξιά.("他们对我说的话,并不可信,但有的人会相信,即在绕行利比的时候,太阳是在他们右手边的。")就是这一情景,正如叙述者在本节中所说,乃是腓尼基人故事真相的最佳证据。

这一番诬蔑的叙述就提供了另一个例证。在缺乏任何现场的科学类比时,批判的历史学家显然是不可能接受这份证词的。但是假如(看来似乎很可能)这类类比存在的话,假如这一现象的可能性可以在科学上加以证明的话,那么有关中世纪故事的情况马上就被改变了,而它们之可能为人接受就成为只不过是一个纯属历史证据的数量和质量的问题了。

还有,面对着公认的强而有力的历史证据,吉朋(第 XXXVII 章)[①]不肯相信非洲的忏悔师们是不用舌头说话的。吉朋毫无疑问是正确的,因为他的面前并没有任何相类似的事。然而现在它却成为了事实,而且据说是多次被科学实验所证明了的:在舌头完全被割除之后,还是可能讲话的。对于这一假想中的奇迹,历史学家的态度现在当然是不同了,这一见证是可以接受的并且可以衡

[①] 指英国历史学家吉本(Edward Gibbon)《罗马帝国衰亡史》一书。——译注

量的。

　　批判历史学家的准则乃是总要站在安全可靠的那一边。最好是对判断存疑而犯错误,但却不要违反理性却在科学面前是正确的。

注 E

我们已经说过,一切事情都有赖于个人的经验。而这就意味着当我们被追问的时候,我们就必须回到这里并且必须由这里出发;必须从这个基础上使我们自己联系到过去的自己,从而知道有什么对他们曾经一度乃是事实;并且从而知道它现在对于我们也是事实,因为就所讨论的现象的类别而言,他们的意识和我们的乃是同一样的。在批判的历史学中,我们或则是自己来完成这种操作,或则我们认为理所当然地它已经是或者可能是完成了。

对于"个人的观察"和"经验"这些词句,我们无疑地已经谈得足够多了,假如我们的目的是要使大多数人满意或者至少是要堵住他们嘴巴的话。但是一个进行探索的人则会希望走得更远些。

他可以说:"我很明白,新的观察和事实会得出新的基础,由此便可以纠正旧的材料或者是使之有效。但是我未能看到的是,处在你的立场上这样一种地位是怎么可能的。

"你说一切都是推论性的。这就必定意味着,正如推论的前提那样,所以结论也是如此。超出你的前提而外,肯定是不可能的事;至于说纠正他们,那是毫无意义的。

"回到事实上面来。一个人可能全然无法接受在本质上和生死交关的意义上的新事实。他想要把它们纳入他自己的范畴之下。他一定要把它们纳入到自己的范畴之中;他一定要使它们成为他那世界之中的成员,否则就根本不采纳它们。正像他这个人一样,他的那些事实也是如此。没有受过教育的人和孩子们要把他们所汲取的一切都转化为和他们自己一样;而野蛮人在许多场合实际上都不可能接受在我们看来似乎是消极性的简单印象,这一点的充分原因乃是他们没有内心的世界能够回应它们,他们没有可以容纳它们的前提。

"它的结果便是如此。一个人是从某一定的世界出发的,而他并不知道他是怎么就有了它的:这个世界包含有各色各样的东西,——历史的和其他的。'个人的观察'!'个人的'在世界上指的是什么? 这时候他个人的内容、他个人的世界已经是传统的了,而绝不是他个人所私有的。而派他去观察,又有什么意义呢? 这时候那就只是'扩大',而不可能是改正或者是创造了。因为那简单的原因就在于,凡是不和谐的都被排摒在观察之外了。这种'个人的经验'纯属一种迷信,因为对任何人来说,没有什么别的要比已经深入人心的传统世界更加是个人的了。

"你已经用'推论'推翻了'事实',而现在你却想从'事实'出发得出一个推论的基础。但是所有的事实都同样地是推论的,所以在这一点上都是一样的,它们都是从已知出发并且是以已知为基础的。"

这一反驳其本身是很值得考虑的,并且引向了这一问题:"批判的观察和经验是怎样成为可能的?"这多少是个很广泛的问题,我们这里讨论它,并没有把它当作是一件小事。而且我们也不是不得不讨论它。看来我们似乎是这样;看来我们根据的是批判的经验,因此就不得不解释它的可能性。

这就全然弄错了。我们想要表明的乃是这一点,即假定历史学存在,它就必须是批判的;而如果它是批判的,那么它就必须立足于现有的批判经验之上。这就是我们全部的结论。而且假如有任何人想要论证"并不存在批判的经验,所以就没有批判的历史学",我们并不会和他争论,而只是补充说:"因此之故,根本就没有历史学",并且要以沉默的蔑视来看待他那随之而来的历史教条主义。

从而并不是为了我们的论证,我们才不得不考虑我们所发挥这种反驳；而是全然为了这一反驳的主体本身，我们才有意要说几句话；话虽不多，但比我们所知道的也少不了太多。

它就以其困难之点的最尖锐的形式而回到了老要害："知识就蕴涵着此前的知识"，或者说"包摄命题"（subsumption）（就蕴涵着）以往的"包摄命题"，因而就要反对有任何起源的可能性，因而就要全盘反对知识的存在。

这里不可能试图来讨论这一点。它也不涉及特例的情况。我们并不一般地探讨知识与经验的起源，但却发现我们自身在这个潮流中间遇到了一个问题。

它所涉及我们的乃是这个问题。"既然你是从给定的条件出发，并且根据也是给定的。无论如何它很可能对于你来说就是未经批判的和非批判的，——你又怎样批判它的呢？从被给定的东西，怎样能达到批判的东西呢？这时候本源和工具就破坏了结论，这时候未经测定的基础就摧毁了这座大厦。假如你邀请一个迷信的人亲身去观察，你真认为他将批判地去加以观察吗？只有批判的头脑才可能有批判的观察，而一个充满了未经批判的事物的心灵，不可能是批判性的。"

它是一个难题，但我们必须试着做出答案。我们的心里必须记得知识的增长有着两个方面。一方面我们有着被给定的整体、这个世界或意识或自我，——简单地说，即凡是真实的东西。而现在我们却在其中带入了新的事实。我们把我们所拥有的以及我们的自身都纳入其中；而这就意味着它们变成了整体的一部分，因此之故它们作为超越了与之相对立的此前的世界而言，就是一个新的整体了。

但是这里我们将尽量地简短。"这一点并不中肯。你是要在新观察与旧世界之间打开一道裂隙，而你却无法以这种方式做到它。你忘记了已经与整个体系并未合为一体的各种事实并没有被纳入其中,因此整体就可能被忽略了,却一点也没有受到批判。它像是自然界中的低等形态,只是以增多而并不是以演化在生长着,那是新材料的简单增多,而不是一种分化与整合的历程。"

我们再重复一遍。毫无疑问,这一点是真的,即某些个体、在某些国度和时代、在一定的范围,其情况是这样的。假如它永远是真确的,那么就不会有批评,也不会有任何批判性的观察了。然而事实上,人文并不是以这种方式在成长着的,而且也不可能是。而那原因又是什么呢?把进步描述为是由于积累的增长,这是不正确的,其原因又在哪里?新老之间的断裂是什么时候成为了可能的?

当古老的包含着一种矛盾,也就是当把它自身认作是一个体系,而事实上它却并不一贯的时候。各种矛盾的因素都将自由地表现出来,而且由于新的归类的特殊化和意识不断增长的分歧性,还会与意识的统一性相矛盾。这种惶惑不安将会与意识的一致性相矛盾。这种惶惑不安将促使人们反省意识的对象或阶段(两者是同样的),然后则是异化和扬弃。

"但是在这一点上,新的个人观察又会怎样呢?是不是这个体系及其特有的包摄命题都同样地被否定了呢?"它们是的,并且可能是脱离了新旧双方,心灵本身可能是悬在那里得不到满足,而且这里面也缺乏批判性的经验。

但心灵是这样的一个整体,它本身就包含着矛盾,直到各种分离的成分结合了起来,溶解并合并成为另一个意识、一个新体系、一种新的世界,——新的,但以一种改造了的形态而包含着有旧的。

而这就是何以(以"个人的"开始却)需要有个性,因为那并不亚于形成为这一新世界的综合原则。

"即使这一切都是真的",却仍然可以补充说:"你已经分裂了反思着的人和那个旧世界"。而经验和观察又怎么样呢？它们和你的新综合、你的新对象、你那重新体系化了的世界又有什么相干呢？

我回答说，耐心吧。新的综合尚不成其为一个世界，而只是一个萌芽中的世界；再者由否定旧原则而得出的新原则，或则其本身对于意识可能是一个对象，或则也可能只不过是尚未觉察到其自身的一种意识，也就是说它可能是我们并未觉察到的一种新的学说，并要投身出现而反对旧的，或者是心灵已经改变了的态度知道它自己此刻还只不过是对旧世界的否定，而必须要有一个新世界来认识它自己是什么。

在前一种情况它就是一项有意识的原则，但却是抽象的而未经展开的；它是一个新客体，但仍然是主观的，在其确定性的方面尚未演化出来或为人所知。你想要知道这个新世界具体是什么吗？你就必须亲身去看一下。把具体的东西纳入其中；用事物填满了它，你就会看到了。实现了它，你就将发现你所实现的是什么了。这就是为什么需要有亲身的观察。

旧体系的旧事物是彻底破坏了，因为它是被一种死理论所催生的。你想要健全的东西，而你得到它却是由于纳入了你以为是真正的原则之下。于是你就构成了一个体系，而其原理和细节都是你所知道的。而这时候你就可以把旧世界的材料重新加以体系化。你以前做不到这一点，因为旧世界乃是如此之特殊化了的，以至于没有任何抽象的东西有可能重组它的细节。你要求有一条原则能够真正特殊化到具体之中；现在你就得到了它，你可以着手进行了，同时要记住新的对象乃是真实的对象，老对象在它的面前是无能为力的。

或者在第二种情况中，新的意识并没有觉察到它自己。它知道它自己仅仅是作为它自己。对它说来旧世界乃是既不合宜而又是异己的；它感到了有一种冲动要在另一个世界里重新发现它自己；但是它却没有可以把自己有意识地纳入其中的原则；纳入其中的那个自我作为自我并不是一个客体。它发现了一个新的客体，它看见了一个新世界在它面前成长起来，而它把它自己认为是一面在被动地反映着的镜子。它通过观察得出了它的新世界；而且从那里面它学到了它的性质。它获得了不为人知的代理人在工作着的那种原则的意识，然后从那个基础之上它便可以着手重新搜集已经被摒弃了的旧元素。

迄今为止，我们已经考虑了那种包含着有一种与现存世界相决裂的进步。然而我们面前还有着这一情况，那就是要发现似乎能推翻一种迄今是悬而未决的信条的各种新事实和自鸣得意的各种前提。

我们必须回过头去寻求一种空间。我们首先看到了心灵作为一个世界或体系是怎样在一个类似性质的客体之中发现了它自己的；我们看到包含在意识之中使得被归纳的客体相矛盾的乃是怎样的一种矛盾；其次是心灵作为一个统一体是怎样地超越了它自身的矛盾而反映于并且否定了它已往的意识阶段或者说世界。

然而这样有意识地反思却根本就不是经验发展的正常历程；却往往反倒是旧的并没有被否定，直到发现了在自己的身旁和和平平地存在着一种新的事物状态，天知道那是怎么来的。它是怎么来的呢？

使得它如此的，乃是心灵无意识的反思行为和系统化的作用。经验的行程是矛盾的，而心灵则有一项统一性的原则。它感觉到了矛盾而并不知道它，于是就多少是与其内涵相异化了，却又未能与世界直截了当地相决裂。相反地，它却想象着自己正在忠实地把一切新的细节都纳入旧的世界和旧的自我之中；它并不知道它本身就是一项自主的归类原则，而且它不再与原来的是同一个自我了。它越来越发使自己脱离了原来的自我，它在发展着，部分地消解了它的矛盾，批判地纠正了它的片面性，以其不自觉的但又不停息的活动在批判地纠正它的片面性，消灭它的不一致；而且无时无刻不在把新的材料纳入这一创新的并在不断增长着的自我。①显然地，这一被同化了的细节就不再带有其原来自我的特性并成为了其对立面，而是越来越在发展中表现出心灵的无意识运作的种种结果；而且既然已经归属于新的自我，于是就强烈地反作用于它，使之更加要脱离前一阶段的意识并产生更加与旧的信仰体系不相调谐的种种新事实。

然而整个这一期间，这个被纳入其中的自我就像是在一系列的新个体之中那样，就变得脱离越来越远了，却仍然认为自己是忠于老信条的，实际上老信条正在迅速地变为（甚至于可能部分地乃至全部地已经变成了）一副传统的重担、一种意识的半衰颓阶段，一种其生机在那里面已经被更年轻的机体所汲取来补养自己的有机体、一个死掉了的或垂死的自我伴随着一个新世界和新自我并存于其中。在这个时期，最微小的震颤——两个生命之间的任何超级矛盾、某种突然的发现，或者总之是任何的意外，——都将迫使心灵去考虑它究竟是什么，以及这一惊人而可怖的揭示，即它有着两个自我和一个双重的世界。会不会随之而来一场争论，就要取决于灵魂撤退出旧的机体已经有多么远以及年轻的已经使自己融入现实的各个方面到了什么程度。然而在任何情况，胜利都将会是在新的一方（尽管新的一方可能被迫在斗争之中要扩张并且

---

① 我们可以考虑这一过程是发生在同一个或者是一系列的心灵之内；然而实际上旧信仰体系的分化乃是被个性的分歧性所推动着的。在一个不相容的实体之内，各种不相容性可以用或多或少是在不同的个人身上固定了的种种不相容性作为一种片面的人格而加以解释。它们之间的冲撞对于一般的心灵得以恢复并重整其自身而成为一个整体的一贯中心乃是一种刺激。

调整他自身),因为申诉并判断自己案情的乃是自己;而且在(可能有的)激情的反映与古老的传统群体的激烈反抗之后,这种古老的传统群体、这种衰颓的机体组织本身也将被同化而再度生存于新的重行组合体之中。

假如进一步提出这一问题:"现成给定的世界有什么必要会自相矛盾呢?"这一点就必须被置之于某些范围之内了;但简单说来,可能给出一个看来是最好不过的答案。宇宙看来似乎是一个体系;(它看来像是)一个有机体,而且还不止于此。它赋有自我的特性、与之相关的人格,而没有这些,它就一无是处了。因此宇宙的任何一部分,其本身都不可能是一个一贯的体系;因为它牵涉到全体而全体也就表现在它身上。整体(既然在体现着实际上成其为整体的东西)就潜行力图在把自己定位为自己的时候,便成为仅只强调其相对性的特点,它就被推向超越了其自身并与其自身相矛盾。或者更简单地可以这样说。演化乃是必要的,因为心灵确实是有限的而实际上又是无限的;而客体就生活在心灵的生命之中并且与之一起变化。

结论如下:"向经验请教"在这里并不包含着仅只尊重某一类的事实。你寻求经验乃是要知道普遍的事实都是什么,因为要认识你的原则、知道你的前提是什么、你的体系是什么以及会成为什么,也就是要把材料归结于它之下。而且"请教个人的经验"乃是主要的,并非因为你作为这个人或那个人要比任何现有的或曾经有过的任何人都更加高明,而正是由于对你的原则而言,经验对于为你的原则而收集事实乃是必要的,会告诉你它是什么,于是你就必须通过归类而形成材料,以便知道它已经在你的原则之下被归了类,而且因此就成为对于你的一项事实。

没有什么事实,而只有我的事实;而且只有通过我的事实,我才体验到我自己并且知道我是什么。个人的观察并不意味着这一或那一感官材料与这一或那一感觉个体发生了关系。想象着在这里面就会发现最小一点点对真理的保证或检验,乃是一桩可悲的迷信,乃是全然没有哲学教养而最彻底的证明,也是对于日常生活经验的全然盲目无知,那只有对于邪恶的先天独断论才是可能的。"经验"就意味着具体之中的实证,并把我们已知的或未知的现实化的原则与前提假设(正式的或者是在细节上)带入我们的意识之中,而"个人的"则意味着我们的世界与我们的一致性相应而成为一体,——它意味着一个新人身上的体系的观念。

布莱德雷著作要目

Aphorisms(posthumous), Oxford: The Clarendon Press, 1930.

Appearance and Reality, London: Swan Sonnenschein & Company, 1893; 2nd ed., (revised), 1897; ninth impression (corrected), Oxford: The Clarendon Press, 1930.

Collected Essays(posthumous), Oxford: The Clarendon Press, 1935.(第二卷书后附有布莱德雷详细著述目录)

Essays on Truth and Reality, Oxford: The Clarendon Press, 1914.

Ethical Studies, 1st ed., Oxford: The Clarendon Press, 1876; 2nd ed., (revised), 1927.

The Presuppositions of Critical History, Oxford: J. Parker & Company, 1874.

Principles of Logic, London: Kegan, Paul, Trenh, Trubner & Company, 1883; 2nd ed., 1922.

历史的观念译丛

已出书目

01　德罗伊森:《历史知识理论》(胡昌智译,2006.07)
　　Johann Gustav Droysen, *Historik*

02　帕拉蕾丝—伯克(编):《新史学:自白与对话》(彭刚译,2006.07)
　　Pallares-Burke, ed., *The New History: Confessions and Conversations*

03　李凯尔特:《李凯尔特的历史哲学》(涂纪亮译,2007.05)
　　Heinrchi Rickert, *Rickert: Geschichtsphilosophie*

04　哈拉尔德·韦尔策(编):《社会记忆》(白锡堃等译,2007.05)
　　Harald Welzer, hg., *Das soziale Gedaechtnis*

05　布克哈特:《世界历史沉思录》(金寿福译,2007.06)
　　Jacob Burckhardt, *Weltgeschichtliche Betrachtungen*

06　布莱德雷:《批判历史学的前提假设》(何兆武译,2007.05)
　　F. H. Bradley, *The Presuppositions of Critical History*

07　多曼斯卡(编):《邂逅:后现代主义之后的历史哲学》(彭刚译,2007.12)
　　Ewa Domanska, *Encounters: Philosophy of History after Postmodernism*

08　沃尔什:《历史哲学导论》(何兆武、张文杰译,2008.10)
　　W. H. Walsh, *An Introduction to Philosophy of History*

09　坦纳:《历史人类学导论》(白锡堃译,2008.10)
　　Jakob Tanner, *Historische Anthropologie zur Einführung*

10　布罗代尔:《论历史》(刘北成、周立红译,2008.10)
　　Fernand Braudel, *Ecrits sur l'histoire I*

11　柯林武德:《历史的观念》(增补版)(何兆武、张文杰、陈新译,2010.01)
　　R. G. Collingwood, *The Idea of History: With Lectures 1926–1928*

12　兰克:《历史上的各个时代——兰克史学文选之一》(杨培英译,2010.01)
　　Jörn Rüsen & Stefan Jordan eds. , *Ranke: Selected Texts* , Vol. 1 , *Über die Epochen der neueren Geschichte*

13　安克斯密特:《历史表现》(周建漳译,2011.09)
　　F. R. Ankersmit, *Historical Representation*

14　曼德尔鲍姆:《历史知识问题》(涂纪亮译,2012.02)
　　Maurice Mandelbaum, *The Problem of Historical Knowledge*

15　约尔丹(编):《历史科学基本概念辞典》(孟钟捷译,2012.02)
　　Stefan Jordan, hg. , *Lexikon Geschichtswissenschaft*

即出书目

梅吉尔:《历史知识与历史谬误:当代实践引论》
Allan Megill, *Historical Truth, Historical Error: A Contemporary Guide to Practice*

柯林武德:《柯林武德历史哲学文选》
R. G. Collingwood, *Collingwood: Selected Texts*

柯林武德:《史学原理》
R. G. Collingwood, *The Principles of History: And Other Writings in Philosophy of History*

扬·阿斯曼:《文化记忆》
Jan Assmann, *Das kulturelle Gedaechtnis*

阿莱达·阿斯曼:《记忆空间》Aleida Assmann, *Erinnerungsräume*

吕森:《吕森史学文选》
Jörn Rüsen, *Rüsen: Selected Texts*

德罗伊森:《德罗伊森史学文选》
Johann Gustav Droysen, *Droysen: Selected Texts*

科泽勒克:《科泽勒克文选》
Lucian Hoelscher, hg. , *Reinhart Koselleck: Selected Texts*

赫尔德:《赫尔德历史哲学文选》
Herder, *Herder: Selected Texts*

赫尔德:《人类历史哲学的观念》
Herder, *Ideen zur Philosophie der Geschichte der Menschheit*

特勒尔奇:《历史主义及其问题》
Ernst Troeltsch, *Der Historismus und seine Probleme*

梅尼克:《历史学的理论与哲学》
Meinecke, *Zur Theorie und Philosophie der Geschichte*

耶格尔(编):《历史学:范畴、概念、范式》
Friedrich Jäger, hg. , *Geschichte: Ideen, Konzepte, Paradigmen*

布克哈特:《历史断想》
Jacob Burckhardt, *Historische Fragmente*